ESSAIS PHILOSOPHIQUES SUR MONTAIGNE ET SON TEMPS
sous la direction de Philippe Desan
11

Série *Lectures des* Essais
dirigée par Thierry Gontier
4

Des Coches

Ouvrage publié avec le soutien de la faculté des lettres de Sorbonne Université, du Centre d'étude de la langue et des littératures françaises (CELLF – UMR 8599) et du Conseil scientifique de Sorbonne Université

Michel de Montaigne

Des Coches

Essais, III, 6

Introduction, notes et commentaire par Frank Lestringant

PARIS
CLASSIQUES GARNIER
2022

Frank Lestringant est professeur émérite à Sorbonne Université. Spécialiste de la Renaissance, il est l'auteur d'une quarantaine d'ouvrages, portant notamment sur la conquête du Nouveau Monde et la littérature des guerres de Religion.

ISBN 978-2-406-13123-6 (livre broché)
ISBN 978-2-406-13124-3 (livre relié)
ISSN 2116-7974

À la mémoire de Bill Sturtevant,
expert en tupinambisation.

ABRÉVIATIONS

BHR	*Bibliothèque d'humanisme et Renaissance*
BSAM	*Bulletin de la Société des Amis de Montaigne*
BSIAM	*Bulletin de la Société Internationale des Amis de Montaigne*
EB	*Exemplaire de Bordeaux*
MS	*Montaigne Studies*
NBSIAM	*Nouveau Bulletin de la Société Internationale des Amis de Montaigne*
NRSS	*Nouvelle Revue du seizième siècle*

AVANT-PROPOS

L'objet de la série « Lectures des Essais » est de proposer un commentaire suivi de différents chapitres des *Essais* de Montaigne, chaque ouvrage de la série étant consacré à un chapitre.

L'édition reproduite et citée est celle de Pierre Villey (F. Alcan, 1922-1923), qui a été plusieurs fois rééditée aux PUF, en conservant toujours la pagination de l'édition originale (indiquée entre crochets). Nous en avons conservé la ponctuation et le découpage en paragraphes. Les auteurs ont librement ajouté en note les variantes qui leur paraissaient les plus significatives et en ont tenu compte dans leur commentaire.

Le texte de la couche [B] de l'édition de Pierre Villey (édition de 1588 des *Essais*) est reproduit en caractères romains, celui de la couche [C] (ajouts faits à partir des additions manuscrites de Montaigne sur l'exemplaire de Bordeaux) en italiques. Les citations épousent la casse de la couche du texte et sont signalées par des guillemets ou un retrait de paragraphe. Les citations en langue étrangère sont traduites entre crochet dans le texte. Sauf indication contraire, et pour simplifier la lecture, toutes les citations, dans l'introduction et le commentaire sont en caractères romains.

Pour les variantes, les éditions les plus courantes du vivant de Montaigne sont indiquées par les deux derniers chiffres de la date d'édition (80 = édition de 1580 ; 88 = édition de 1588, etc.). Il en va de même pour l'édition de 1595 (95). L'exemplaire de Bordeaux, mis en ligne par Philippe Desan sur le site des Montaigne Studies, est noté EB. Les autres éditions sont nommées d'après nom de l'éditeur (par exemple l'édition d'André Tournon = Tournon ; MONLOE : édition publiée sur le site de l'ANR « Montaigne à l'œuvre », etc.) ou, dans le cas, d'éditeurs multiples, du premier qui apparaît sur la page de titre (par exemple l'édition d'Emmanuel Naya, Delphine Reguig-Naya et Alexandre Tarrête = Naya).

Pour les termes et expressions inusités aujourd'hui, un équivalent en langue moderne est mis en note.

INTRODUCTION

« DES COCHES », TROIS ESSAIS EN UN, OU UN ESSAI EN TROIS ?

Ce pourrait être un rébus, mais c'est tout simplement la définition que l'on peut donner du chapitre III, 6, des *Essais* de Montaigne. Comme le constate Pierre Villey, l'un de ses premiers exégètes, le chapitre « Des coches », c'est-à-dire « Des voitures » (que l'on pense à l'anglais « Coaches[1] »), est formé de trois sections hétérogènes, un triptyque dont les panneaux seraient mal ajustés.

Premier panneau du triptyque : le mal de la route qu'éprouve Montaigne en voiture ou plutôt en « coche d'eau », mal de ventre, qu'il a bien du mal à supporter. Second panneau ou volet central : les coches les plus invraisemblables que les Romains montraient au cirque. Troisième et dernier volet du triptyque : la destruction des empires indiens par les conquistadores espagnols, empire aztèque au Mexique et empire inca au Pérou, subitement anéantis l'un et l'autre. Le tout se termine par la chute de l'Inca Atahualpa de sa chaise à porteurs le soir de sa capture à Cajamarca. Le paradoxe de cette évocation est que ni Aztèques ni Incas ne connaissaient le véhicule à roues, c'est-à-dire les coches à proprement parler. Les coches en Amérique n'avaient donc pas lieu d'être.

On s'efforcera de montrer qu'une cohérence extrême soude en fait ces trois temps de l'exposé. Les « coches » ou les voitures sont par définition mobiles, ils se déplacent et conduisent d'une contrée à l'autre, d'un continent à l'autre, parfois pour des spectacles plaisants et parfois pour le plus grand malheur de l'humanité.

1 Voir plus loin à l'appel des notes 13 à 20.

On a parlé de mobilité. C'est peut-être le terme-clé de cet essai « Des coches[2] ». Pièces mobiles d'un ensemble mobile. Tout bouge en ce monde, commence par nous dire Montaigne. « Or les traits de ma peinture ne forvoyent point, quoy qu'ils se changent et diversifient », écrivait-il dans « Du repentir », quatre chapitres plus haut. Il ajoutait aussitôt : « Le monde n'est qu'une branloire perenne », c'est-à-dire une balançoire continuelle (III, 2, p. 804). Tout bouge, mais d'abord ici, dans « Des coches », ce texte sur le monde, ancien et nouveau, d'hier et d'aujourd'hui, texte instable qui bouscule en tous sens le lecteur, jusqu'à l'arrêter pour finir sur une chute, imprévisible et brutale, évidemment définitive. Encore que ?

Tout bouge donc dans ce texte, fait de trois textes distincts, tardivement « raboutés », et mis ensemble après coup, comme semble le suggérer Pierre Villey (III, 6, 898). Dans quel ordre ont-ils été écrits ? Il faut en effet partir de cette simple question, anodine en apparence seulement.

Pour comprendre ce qui se passe dans « Des Coches », il n'est sans doute pas inutile d'en revenir à « Des Cannibales », l'autre chapitre américain des *Essais*, celui que Montaigne mentionne en passant dans « Des coches » : « quelque autre commodité qu'il y eust, tesmoing mes Cannibales » (l. 585-586). « Des Cannibales » traite des Tupinamba du Brésil, un temps colonisés par les Français, lors de l'éphémère « France Antarctique » de Villegagnon (I, 31, p. 202-214)[3]. Montaigne ne recourt au terme de « Cannibales » que dans le titre du chapitre, par provocation et par un singulier tour d'ironie. Le mot de « Cannibales » ne reviendra qu'une seule fois dans *Les Essais*, précisément dans le chapitre

2 La bibliographie critique consacrée à ce chapitre est immense. On se contentera de mentionner pour commencer : Géralde Nakam, « La conquête du Nouveau Monde : "une boucherie universelle" », *BSAM*, 19-20, 1984, p. 47-58 ; André Tournon, « Fonction et sens d'un titre énigmatique », *BSAM*, 19-20, 1984, p. 59-68 ; J.A. de Souza Filho, « "Des coches" sur fond d'histoire », Françoise Argod-Dutard (éd.), *Des signes au sens : lecture du livre III des* Essais, Paris, 2003, p. 53-89 ; Amy Graves Monroe, « Rappeler le cochon : pour une lecture porcine de "Des Coches" (III, 6) », Philippe Desan (éd.), *Lectures du troisième livre des* Essais *de Montaigne*, Paris, Champion, 2016, p. 199-218. Surtout l'on consultera le dense article « Coches » d'André Tournon dans le *Dictionnaire de Michel de Montaigne*, Paris, Champion, 2007, p. 205-207.

3 Sur ce chapitre et son rapport avec « Des Coches », voir *Le Brésil de Montaigne. Le Nouveau Monde des « Essais » (1580-1592).* Choix de textes, introduction et notes de F. Lestringant, Paris, Chandeigne, « Collection Magellane », 2005. [Comprend, en version modernisée, les chapitres I, 22 ; I, 29 ; I, 30 ; I, 31 ; I, 35 ; III, 6 et III, 7 des *Essais*]. On peut également consulter, malgré quelques erreurs de détail, l'ouvrage fondamental de Hugo Friedrich, *Montaigne*, Paris, Gallimard, 1968, p. 218-219.

« Des coches » (l. 586). Pas plus que « Des coches », le chapitre « Des Cannibales » n'a été écrit d'une seule venue.

La question qui se pose d'emblée est celle de l'agencement du texte. Pierre Villey remarquait qu'un emprunt étendu à la traduction par Urbain Chauveton de l'*Histoire nouvelle du Nouveau Monde* de Girolamo Benzoni prouvait que le début au moins de ce chapitre « Des Cannibales » ne pouvait être antérieur à 1579. Mais tout récemment Alexandre Tarrête a montré que ce début était empreint du souvenir de Michel de L'Hospital et de son lit de justice tenu à Bordeaux en 1565[4]. Souvenir désagréable pour les membres du Parlement auxquels le chancelier reprocha vertement leur conduite, leur concussion et leurs mauvaises manières. Montaigne évidemment préférait oublier cela, et c'est pourquoi le souvenir plus ancien de Rouen a fini par remonter à la surface et oblitérer celui de Bordeaux. Rouen 1562 plutôt que Bordeaux 1565[5] !

Dans ces deux ports de France il y avait bien des Indiens du Brésil, qui, à deux reprises, défilèrent à la rencontre du jeune roi Charles IX et de sa cour en visite. Ce qui n'empêcha pas Montaigne de rapporter en tête de son chapitre les deux exemples allégués dans sa remontrance par le chancelier Michel de L'Hospital, à savoir Pyrrhus, roi d'Épire, découvrant avec stupéfaction le déploiement parfait de l'armée romaine venant à sa rencontre, et Philippe V de Macédoine, celui du camp romain, sous Flaminius, deux apophtegmes tirés de Plutarque et de Tite-Live. Manière de concilier ce qu'il y avait de plus valorisant dans sa mémoire, et qui pouvait avoir quelque rapport avec « Des Cannibales », autrement dit avec les Indiens du Brésil.

Ce faisant, et la remarque vaut autant pour « Des coches » que pour « Des Cannibales », il ressort que la disposition du chapitre ne reflète pas nécessairement son ordre de composition. Le début, et en particulier les toutes premières lignes, n'est pas obligatoirement antérieur à la suite ; il peut franchement et hardiment lui succéder. D'où l'importance du relevé des variantes, qu'il faut encore savoir interpréter.

Comment Montaigne composait-il ses essais, autrement dit ses chapitres ? Non pas forcément du début jusqu'à la fin, mais en griffonnant

---

4 Alexandre Tarrête, « D'un souvenir à l'autre. Le parcours du chapitre "Des Cannibales" », V. Ferrer & *alii* (éd.), *La Renaissance au grand large*, Genève, Droz, 2019, p. 169-182.

5 Frank Lestringant, *Le Cannibale, grandeur et décadence*, 2e édition revue et augmentée, Genève, Droz, 2016, p. 305-306.

ou en dictant dans le plus grand désordre. On en veut pour preuve les ajouts de l'exemplaire de Bordeaux, lesquels ne sont pas jetés dans un ordre prédéterminé, mais au hasard des relectures des *Essais*, toujours partielles, toujours reprises, sans ordre ni intention de tout réorganiser. Un mot, une ponctuation suffit à justifier l'insertion, brève ou qui peut s'étendre sur des dizaines de lignes manuscrites qui remplissent les marges, parfois même la page opposée.

Ce que l'on observe dans le passage de l'exemplaire de 1588 à l'édition définitive est sans doute applicable à l'ensemble des *Essais* en devenir. Il est vrai qu'au départ le texte se suit mieux, se contient mieux. Les sautes, les saillies se multiplient en revanche dans la strate la plus tardive, ce qui intrique et complique la lecture.

TROIS VOIX

Le texte du chapitre « Des coches », souvent posé comme la confrontation de l'Occidental et de l'Américain à l'époque de la Renaissance, comporte en fait plus de deux termes. On peut en effet distinguer trois voix, chacune parlant depuis un lieu différent, depuis un lieu particulier :

1. le Sauvage, ou, pour mieux dire, l'autre, l'Indien, le Précolombien, victime des Grandes Découvertes ;
2. le civilisé ou prétendu tel, moderne et corrompu, l'Espagnol prétendument chrétien et plus généralement l'Occidental du XVIe siècle ;
3. l'Ancien, le Grec ou le Romain de la République.

Montaigne n'adopte pas le point de vue du second contre le premier ou inversement. Mais il se place *utopiquement*, pourrait-on dire, dans la perspective du troisième pour juger les deux premiers. L'homme de l'Antiquité fait office de *tertium quid* à partir duquel pourront être comparés d'une part le sauvage ou prétendu tel, et d'autre part le civilisé. L'Antiquité fournit la norme sous-entendue, en même temps que le lieu du discours. C'est à partir de ce territoire utopique, abstrait, de la géographie comme de l'histoire, étranger à la première instance comme à la deuxième, que le jugement de Montaigne pourra être prononcé, au terme, en faveur du sauvage et au détriment du civilisé.

À noter que ce troisième terme n'est pas donné d'emblée, institué *ab initio* comme lieu magistral, chaire professorale d'où tombe le discours. Mais ce terme se gagne progressivement, s'acquiert dans le jeu du texte, par allusion à Jules César tout d'abord, puis aux arts et aux lettres qui n'ont fleuri, à l'égal de ceux des Aztèques et des Incas, que dans l'Antiquité gréco-latine. Le *tertium quid*, autrement dit le troisième terme, est donc tiré de la nécessité d'une écriture qui défriche peu à peu son territoire, épuise l'une après l'autre ses voies jusqu'à trouver la seule issue possible au labyrinthe. On reviendra sur ce point. Le *tertium quid* de l'Antiquité est la condition *sine qua non* qui permet d'échapper à l'alternative ethnocentriste.

Quelle est cette alternative, cette impossible dualité que Montaigne non seulement pressent bien avant l'ethnologie moderne, mais dont il fait l'épreuve, « l'essai », dans ce passage ? Deux réponses possibles. Ou bien on choisit le camp de l'observateur, celui du civilisé, de ce « nous » dont parle Montaigne, et l'on déprécie automatiquement la culture de l'autre, jusqu'à la considérer, à la limite, comme non-culture, comme relevant, en quelque sorte, de la « nature sauvage », autrement dit de la barbarie. Ou bien on essaie au contraire de parler la langue de l'indigène, et de lui restituer un discours plausible que, dans la logique de celui qui écrit et qui juge, mais non dans celle, difficile à connaître, de l'intéressé, le sauvage aurait été susceptible de tenir. Mais on retombe par là même dans l'ethnocentrisme, pour avoir prêté à l'indigène des propos qui ne sont pas les siens, dans une langue qui lui est étrangère et en usant de structures mentales *a fortiori* inadéquates. Au lieu de faire parler l'autre, l'observateur-ethnologue lui souffle à l'oreille son propre discours.

Montaigne « essaie », reconnaît l'une après l'autre ces deux voies qui s'achèvent toutes deux en impasse. Il parle de ce « monde-enfant » à qui il reste beaucoup à apprendre sur le chemin de la civilisation. Comme si la seule ligne à suivre était celle tracée par le pédagogue Occident. Ensuite, et bien que, ou plutôt parce que cette deuxième tentative est en flagrante contradiction avec la précédente, il prête à l'Inca interrogé ou plutôt « questionné » par l'Espagnol un discours en style direct. Discours restitué, discours prêté, et dont Montaigne s'amuse le tout premier, reconnaissant l'arbitraire et le côté artificiel d'une telle méthode : « Voilà un exemple de la balbucie de cette enfance » (l. 582).

Après avoir parcouru ces deux chemins, et, dans le même acte de l'essai, en ayant apporté et le développement et la critique, Montaigne introduit le *tertium quid* qui lui permettra de résoudre l'aporie : le recours à l'Antiquité lèvera le double obstacle du discours subjectif et du discours objectivé, découvrant le champ de l'utopique neutralité.

Cet utopique, reste à en étudier le mode et le fonctionnement. On pourrait tout d'abord le définir par le critère d'impossibilité. L'utopique, c'est, étymologiquement, le non-lieu, le lieu impossible[6].

L'AMÉRICAIN ET LE PÉDAGOGUE

« Combien il eust esté aisé de faire son profit d'ames si neuves, si affamées d'apprentissage, ayant pour la plus part de si beaux commencemens naturels ! » (l. 533-535). C'est le langage du maître parlant, à l'irréel du passé, de son élève : élève certes doué, mais prématurément enlevé aux bons soins du pédagogue ! Montaigne aurait sans doute voulu ériger l'Ancien Monde en pédagogue du Nouveau. De telles considérations ressortissent à l'ethnocentrisme bien connu de l'Occidental qui ne peut jamais considérer une autre civilisation que comme l'ébauche imparfaite de la sienne propre. On retrouve toujours la situation de l'adulte s'adressant, avec attendrissement mais autorité, à l'enfant ; du maître endoctrinant l'élève ; du frère aîné éduquant son cadet.

Mais il convient de nuancer la position de Montaigne. Le maître qu'il aurait destiné au Nouveau Monde, si l'Histoire l'avait permis, n'est certes pas l'Occidental moderne, l'Espagnol ou le Français du XVIe siècle. Il s'agit bien plutôt d'un maître utopique – ou maître d'utopie, comme l'on voudra –, et que Montaigne va rechercher dans l'Antiquité, prenant pour modèle d'un tel pédagogue le citoyen vertueux de la Grèce ancienne ou de la Rome républicaine. Ce maître de vertu civilisatrice, cet Ancien, apparaît comme l'homme de nulle part, situé idéalement en dehors ou au-dessus de l'Histoire. L'Ancien, comme le conçoit Montaigne, n'est aucunement réductible à l'Occidental. Il transcende le cours des siècles et la division des continents. Il domine et rassemble tout partage, toute différence. C'est le citoyen d'un monde qui n'existe plus : monde avec lequel l'Occident moderne a rompu pour sa plus grande misère ; monde qui n'a sans doute jamais existé que comme lieu théorique, à partir duquel conduire l'analyse, où échapper enfin à l'infernal va-et-vient du *pro* et du *contra*.

---

6 Voir sur ce point Louis Marin, *Utopiques : jeux d'espace*, Paris, Les Éditions de Minuit, 1973, ch. 4, p. 115-131.

De ce point de vue, Montaigne ne saurait donc être considéré comme l'apologiste ou le porte-parole de l'Occident. Il constate en effet que la distance est beaucoup plus grande du moderne XVIe siècle à la Rome antique que de l'Amérique précolombienne à cette même Antiquité. Il écrit : « Quant à la hardiesse et courage, quant à la fermeté, constance, resolution contre les douleurs et la faim et la mort, je ne craindrois pas d'opposer les exemples que je trouverois parmy eux aux plus fameux exemples anciens que nous ayons aus memoires de nostre monde par deçà » (l. 479-484). Le passage où il suggère que César lui-même aurait été épouvanté par l'artillerie des Espagnols est bien révélateur à cet égard (l. 500).

Occident connote chrétien. L'Occident ne prend forme et sens qu'à partir du christianisme, après le partage en deux, Orient contre Occident, puis la chute de l'Empire romain. Or la religion chrétienne n'est certes pas ici le premier souci de Montaigne ! Elle n'apparaît que comme le fallacieux prétexte placé dans la bouche de Conquérants animés avant tout, dans leur fureur prosélytique, par « la negotiation des perles et du poivre » (l. 543). Il convient donc de distinguer, à l'intérieur de « nostre monde par deçà », deux territoires étrangers l'un à l'autre : l'Antiquité gréco-romaine et l'Occident des Modernes. D'un côté une vertu native, de l'autre la corruption d'une civilisation dégénérée.

Il reste que le « nous » fait problème, désignant tantôt l'Occident moderne – solidarité franco-espagnole dans le crime et le mensonge – et tantôt la communauté utopique de l'humanisme tardif : les Anciens et les quelques Modernes qui s'en inspirent et les méditent. Le « nous » se trouve tantôt du côté du factuel et de l'empirique : « Mais, quant à la devotion, observance des loix, bonté, liberalité, loyauté, franchise, il nous a bien servy de n'en avoir pas tant qu'eux » (l. 476-478), tantôt du côté de l'utopique : « Quelle reparation eust-ce esté, et quel amendement à toute cette machine, que les premiers exemples et deportemens nostres qui se sont presentez par-delà eussent appelé ces peuples à l'admiration et imitation de la vertu et eussent dressé entre eux et nous une fraternele société et intelligence » (l. 528-533) ! Ici et là, le pronom personnel « nous » ne désigne pas le même territoire, n'interpelle pas le même sujet. À l'intersection de ces deux champs, le sujet écrivant, Michel de Montaigne, à la fois latin et français, vivant dans un siècle corrompu et regrettant l'idéale vertu antique, optimiste et pessimiste, sceptique définitivement, mais ne reculant pas devant l'engagement, voire la condamnation véhémente, quand la nécessité l'exige.

LE TITRE « DES COCHES »

DES CAUSES AUX COCHES

« Les noms de mes chapitres n'en embrassent pas tousjours la matiere : souvent ils la denotent seulement par quelque marque, comme ces autres tiltres : l'Andrie, l'Eunuche, ou ces autres noms : Sylla, Cicero, Torquatus. J'ayme l'alleure poetique, à sauts et à gambades » (III, 9, p. 994). Cette sentence, à en croire Pierre Villey, s'appliquerait à merveille au chapitre « Des coches ». Un chapitre sans queue ni tête, fait tout simplement de morceaux raboutés. Allant plus loin, Pierre Villey émet l'hypothèse que « l'essai a été composé en trois fois » (III, 6, p. 898). Il est fait de trois morceaux sommairement réunis. Une idée commune reliait entre eux ces trois emprunts : l'idée de luxe et de libéralité. Le premier évoque des chars, autrement dit des « coches », étrangement attelés sur lesquels certains empereurs ou généraux romains se faisaient promener dans Rome ; le second des fêtes somptueuses offertes au peuple romain par d'autres empereurs ; le troisième la splendeur de certaines cités du Mexique et du Pérou, dont Mexico-Tenochtitlan, la capitale des Aztèques, et Cuzco, celle des Incas au Pérou, trop vite ruinées. À ces trois emprunts Montaigne attache trois méditations qu'il oriente dans des directions divergentes, si bien que, en apparence du moins, le chapitre manque d'unité. Voire mais … Le titre « Des coches » a d'abord été adopté en fonction de la seule première partie. En tout cas, il est là « pour surprendre et déconcerter ». À en croire Pierre Villey, il ne conviendrait pas à l'ensemble, et en tout cas pas à la dernière partie, relative aux civilisations du Nouveau Monde, qui ignoraient précisément l'usage de la roue, et donc des coches. Mais précisément, Montaigne s'amuse. Le titre devient alors franchement ironique. Toujours est-il que l'ironie, cruelle ou amère parfois, est l'un des principaux ressorts de l'ensemble du chapitre.

Plusieurs nuances, voire plusieurs corrections, doivent être apportées à ce constat sommaire. Trois parties il y a bien dans ce chapitre, à condition toutefois de commencer par le mal de route ou de rivière, qui ouvre le chapitre « Des coches », et de réunir ensuite en un seul ensemble le luxe des coches et le caractère extraordinaire des jeux du cirque à Rome. La troisième partie enfin a trait à la destruction du

Nouveau Monde par les conquistadors espagnols. Cette troisième partie se termine significativement par une chute. À ce compte-là, on obtient une tripartition assez bien équilibrée.

L'idée de départ, développée sur quatre longues pages, est fort étrangère à l'idée de luxe et de libéralité. Avant le défilé de chars étrangement attelés, il est question de bien autre chose, de l'écœurement qu'éprouve Montaigne à être transporté dans une voiture tirée par des chevaux ou bien tractée sur l'eau. Ce premier volet est presque homogène, et ne comprend que de rares ajouts sur l'exemplaire de Bordeaux. Si bien qu'il semble avoir été écrit d'une venue. Il s'ouvre au tout début par une réflexion générale sur les causes, réelles ou seulement supposées, et s'achève, trois pages plus loin, par une remarque personnelle sur la manière de combattre les défauts qui sont en lui et de les dompter par lui-même. Dans tout ce prélude, l'idée de coche est centrale, et tout le propos tourne autour. Comment les coches ébranlent-ils la santé de l'auteur et son équilibre physiologique ? De quelle manière déstabilisent-ils ses humeurs ? Aucune réponse qui tienne. Il faut faire avec (l. 69-106) !

Commence alors la seconde section, consacrée aux véhicules les plus fantasques, traînés par les attelages les plus incongrus : « Marc Antoine fut le premier qui se fit mener à Romme, et une garse menestriere quant et luy, par des lyons attelez à un coche. Heliogabalus en fit depuis autant, se disant Cibelé, la mere des dieux… » (l. 128-131). Morceau sommairement collé au premier. Du moins dans un premier temps. Car dans un second temps, Montaigne a soigné la transition. Au lieu d'un simple fait ou d'un défilé de faits, il commence par une ample entrée en matière. Un long ajout manuscrit sur l'exemplaire de Bordeaux prélude à ce défilé de chars. Ou plutôt avant les coches civils, il est question « des coches au service de la guerre, divers selon les nations, selon les siecles, de grand effect, ce me semble, et necessité » (l. 109-110). Il en veut pour preuve les Hongrois combattant contre les Turcs à l'aide de chars pourvus d'une arquebuse et de solides boucliers. Il évoque enfin, au terme de cet ajout, les rois fainéants, ou plutôt « les Roys de nostre premiere race », qui « marchoient en païs sur un chariot trainé par quatre bœufs » (l. 126-127). Cette image traditionnelle des rois fainéants, Montaigne l'a trouvée dans l'*Histoire de France* de Bernard Du Haillan[7]. Puis l'on en arrive aux coches romains, ou du

7 Bernard Du Haillan, *Histoire de France*, II, Paris, Michel Sonnius, 1576, p. 105.

moins aux coches singuliers où prenaient place certains empereurs ou généralissimes, Marc Antoine et Héliogabale tout particulièrement, se faisant ainsi transporter à travers Rome. Succède à ce défilé de coches romains l'évocation des jeux et montres publiques, c'est-à-dire des spectacles destinés à flatter le peuple romain par une profusion, jaillie du milieu du cirque, de verdures, d'animaux sauvages et de gladiateurs se combattant à outrance (l. 299-359). Concluant cette partie, qui verse dans la surenchère, et doit l'essentiel au savant ouvrage illustré de Juste Lipse, *De amphitheatro*, Montaigne reconnaît être lui-même sensible à cet étalage de force et de luxe. Ce qui lui paraît excusable en ces excès spectaculaires, c'est non pas la dépense, mais l'invention et la nouveauté, qui justifient l'admiration (l. 374-376).

Succèdent à cet exercice d'admiration des remarques pessimistes sur la faiblesse de notre jugement humain. Bien plus, les modernes n'arrivent pas à la cheville des anciens, et c'est là un constat souvent répété par Montaigne, qui aurait voulu naître quinze siècles plus tôt. « Nous n'allons point, nous rodons plustost, et tournoions çà et là » (l. 381-382). De notre capacité à connaître, faible en tous sens, courte aussi bien en étendue de temps qu'en étendue de matière, il n'y a rien d'autre à dire. Vanité des vanités, tout est vanité, disait l'Ecclésiaste ou Quohéleth, ce livre de la Bible que Montaigne semble paraphraser[8]. Bref, nous ne savons rien, ou si peu de ce qui est à savoir. De ce constat pessimiste ou plutôt sceptique, Montaigne rebondit sur la découverte du Nouveau Monde, ou plutôt sur la découverte d'un autre monde, car, ajoute-t-il aussitôt entre parenthèses, « qui nous respond si c'est le dernier de ses freres » (l. 448-449) ? Tel est le troisième temps de la méditation, qui s'ouvre alors. Que dire de cet autre monde, sinon qu'à peine apparu, aussi frais qu'un nouveau-né, il est déjà agonisant, frappé à mort par les conquérants espagnols (l. 459-462).

Le constat sceptique est alors dépassé dans une période oratoire, qui dénonce tout à la fois la précipitation et la violence des conquérants, en définitive leur rapacité, laquelle paraît avoir justifié tous les crimes, et présage non la fin du monde, mais la fin d'un monde. Trêve alors de tout scepticisme, pour une condamnation sans équivoque. Dieu est invoqué pour la seconde fois dans ce chapitre. La première, à vrai dire, l'associait à un proverbe familier, « Dieu donne le froid selon la robe » (l. 84). Ce qui permettait à Montaigne d'estimer pouvoir soutenir les petites

8 Quohéleth ou Ecclésiaste 3, 1.

passions qui l'assaillaient, dont le mal de route. Cette fois au contraire, Dieu est invoqué solennellement pour justifier la disparition rapide de ces massacreurs, « qui se sont entremangés entre eux », souvent au sens propre, à défaut d'être engloutis par les flots ou de s'enterrer sur les lieux (l. 661-665). Il reste que les civilisations auxquelles ils s'en sont pris avec violence ont bel et bien disparu avant eux.

Pour conclure ou ne pas conclure, Montaigne en revient à « nos coches », d'où il est parti, ces coches qui donnent son titre au chapitre (l. 733). Retour aux coches, ou plutôt, à leur absence. Le paradoxe ou le tournemain, comme on voudra, est le rebond, ou le retour, non pas à une présence, mais à une absence définitive : « En leur place, ils se faisaient porter… » Échappatoire ou faux-fuyant qui aboutit, en quelques lignes et trois phrases, à la chute de l'histoire et à la fin du chapitre. Tout se termine par ces derniers mots, qui valent tout à la fois conclusion et aboutissement : « par terre » (l. 742). Le sol, où tout revient. La terre, où tout retourne. Point final.

À présent que l'on a démêlé les trois sujets qui se succèdent, non sans échos ni retours, tout au long du chapitre, mal de route, procession fantastique d'attelages divers aboutissant au luxe émerveillable des spectacles de l'ancienne Rome, et pour finir destruction rapide par les Espagnols des empires aztèque et inca, il est temps de reprendre méthodiquement les trois étapes de cette démonstration.

UN CHAPITRE EN MOUVEMENT

Une ultime remarque au préalable : l'inégal gonflement de ces trois parties sur l'exemplaire de Bordeaux. La première et la dernière parties, autrement dit l'ouverture et la partie « américaine » du chapitre, demeurent pratiquement inchangées. La partie centrale, en revanche, est augmentée de nombreuses incises, citations latines étendues ou tout simplement pages entières ajoutées. Les deux parties extrêmes, en définitive, enferment de bornes solides et stables un centre ondoyant et mobile. Un centre mouvant, fait de listes, auxquelles on peut toujours ajouter des éléments, centre étroitement contenu par les blocs de départ et d'arrivée, où des non-coches finissent par répondre aux coches d'abord évoqués.

Paradoxe, à la réflexion, que ce qui vient d'être dit. Peut-on vraiment parler de bornes et de blocs, là où tout bouge et se déplace ? Ce qui est fixe ou à peu près fixe, dans le chapitre « Des coches », ce sont les spectacles du cirque romain, enfermés dans le cercle des arènes ou le Colisée, hélas vite disparus et à jamais ruinés. Au début, en revanche, c'est un sentiment traître et insidieux, qu'on ne saurait expliquer ni même décrire, sauf par le mouvement ; à la fin, une chute brutale, qui clôt une série d'événements déstabilisants, lesquels se précipitent à la toute dernière ligne. *Montaigne en mouvement* : l'excellent titre choisi par Jean Starobinski pour son livre consacré aux *Essais* conviendrait à merveille au présent commentaire du chapitre « Des coches[9] ». Les coches, par définition, se déplacent. Les coches, comme le veut leur fonction, sont en mouvement constant, soit réel, soit prospectif. À « Montaigne en mouvement », correspond, ou plutôt répond ce livre en mouvement portant sur un chapitre lui-même instable, mobile, imprévisible.

Il faut rappeler ici l'analyse exemplaire de Jean Starobinski. Le chapitre « Des coches » s'ouvre par l'écœurement incompréhensible que Montaigne éprouve en coche, c'est-à-dire en voiture, et se referme par un écœurement élargi jusqu'aux antipodes, face aux tribulations de l'histoire, un écœurement lié aux mouvements incessants et stupéfiants de l'histoire en cours. « Le “mobilisme” de Montaigne n'est pas seulement la vision d'un monde emporté par un flux incessant ». C'est aussi l'intuition d'un changement qui renverse toute position, quand tourne la roue de fortune ou tout simplement le branle du monde. Dès lors, l'expérience la plus haute comme la plus basse, et la plus large comme la plus singulière, est virtuellement la mienne[10].

TROIS TEMPS, TROIS ESPACES

On pourrait prendre appui sur ce chapitre III, 6, « Des coches », pour distinguer quel(s) type(s) de temps Montaigne met en scène. Dans un article très suggestif, Isabelle Pantin distingue trois espèces différentes de temporalité, du temps concret, vécu, intime, de l'individu en train de se peindre et de s'étudier, par quoi tout commence, au temps abstrait de l'astronomie, dont il est question au moins à deux reprises dans le livre III des *Essais*[11]. Au début du chapitre 11, « Des boyteux », il s'agit

9 Jean Starobinski, *Montaigne en mouvement*, Paris, Gallimard, 1982, p. 113-168.

10 *Ibid.*, p. 152-153.

11 Isabelle Pantin, « Sens et mesure du temps universel dans le livre III des *Essais* », V. Ferrer, V. Giacomotto-Charra et A. Vintenon (éd.), *Autres regards sur les* Essais, *livre III de Montaigne*, Neuilly, Atlande, 2017, p. 77-90, cité p. 79-89.

de la réforme du calendrier, instituée par le pape Grégoire XIII, ou du moins les astronomes pontificaux, et qui vient de supprimer d'un coup onze jours au début du mois d'octobre 1582 (III, 11, p. 1025). Dans ce cas, Montaigne observe que les paysans s'y retrouvent pour les travaux des champs et que cette modification est absolument sans conséquence sur la suite saisonnière des jours. Dans l'autre cas au contraire, et c'est un ajout de l'exemplaire de Bordeaux au chapitre « De mesnager sa volonté », Montaigne nous apprend qu'il n'arrive pas à s'adapter à ce nouvel état des choses et à plier sa conscience à ce temps décalé :

> l'eclipsement nouveau des dix jours du Pape m'ont prins si bas, que je ne m'en puis bonnement accoustrer. Je suis des années ausquelles nous comtions autrement. Un si ancien et long usage me vendique et rappelle à soy. Je suis contraint d'estre un peu heretique par là, incapable de nouvelleté, mesme corrective : mon imagination, en despit de mes dents, se jette tous jours dix jours plus avant, ou plus arriere, et grommelle à mes oreilles. Cette regle touche ceux qui ont à estre (III, 10, p. 1010-1011).

Deux appréciations contraires d'un même phénomène se rencontrent dans deux chapitres qui se suivent, mais dans l'ordre inverse de leur rédaction. Il en résulte que, contrairement à ce que déclare d'emblée « Des boyteux » (III, 11, p. 1025-1026), Montaigne se fait très difficilement à cet « éclipsement nouveau des dix jours du Pape » (III, 10, p. 1010-1011). Une éclipse de jours plus difficile à supporter qu'une éclipse de lune ou de soleil. Bref, une incommodité manifeste et durable.

Enfin, la troisième acception du mot « temps » dont il est question dans le livre III des *Essais*, et notamment dans le chapitre six, est le temps historique. Ce temps de l'histoire est lui-même problématique. Dans quel sens va l'histoire ? Nul ne le sait au juste, même si la plupart de ceux qui méditent sur l'histoire, à commencer par le docte Melanchthon, pensent que l'histoire universelle décline et qu'elle est bien proche de sa fin. Ce temps court, ce temps restreint est lui-même contestable. Qu'en savons-nous au juste ? La fin des temps est proche, plusieurs doctes l'affirment, mais qu'en savent-ils ? Montaigne le pense parfois, mais en doute le plus souvent. Qui sait si c'est le dernier temps que nous vivons ? Dieu seul le sait. La vanité de la conception du temps des Aztèques est la preuve la plus certaine de notre incompétence. « Quelles impressions ne souffre la lâcheté de l'humaine creance ! », note Montaigne en aparté, ou plutôt entre parenthèses (l. 698-699). Ce qui ne l'empêche pas de rechercher des conjonctions entre la chronologie mythique des Aztèques et la nôtre. Tant il est vrai que « tout ce qui branle ne tombe pas. La contexture d'un si grand corps tient à plus d'un clou » et « d'autant que naturellement rien ne tombe là où tout tombe. La maladie universelle est la santé particuliere » (III, 9, 960-961). Temps décidément ouvert, temps relatif assurément. Tout le chapitre « Des coches » est compris dans cette ouverture, ou du moins dans cette oscillation.

De même que le temps, l'espace n'est ni homogène ni constant. Il bouge sans cesse. Tantôt c'est l'espace immédiat dans lequel nous vivons, l'espace restreint de notre corps, de notre ventre qui se trouve mal et se soulève, lorsqu'en voiture nous éprouvons un haut-le-cœur ou, pour mieux dire, un haut-le-corps. Tantôt c'est l'espace large des lointains, ce Nouveau Monde que l'on ne connaissait pas un siècle plus tôt, et qui s'est brusquement ouvert et révélé, une fois franchi l'océan. « Et qui nous respond si c'est le dernier de ses freres ? », ne peut s'empêcher de demander au passage Montaigne (l. 448-449). Un autre monde, un autre espace vont-ils apparaître à l'horizon ? Même si cette suggestion de la pluralité des mondes frôle l'hérésie, et n'est évoquée qu'en passant, presque en plaisantant, l'hypothèse est lancée et fera du bruit, notamment deux siècles plus tard avec Fontenelle, lecteur de Descartes et de Newton[12]. Enfin, en troisième lieu, c'est l'espace mesurable, quantifiable, où les deux espaces précédents pourraient se retrouver et se fondre l'un dans l'autre, un espace mathématique qui nous dépasse à proprement parler, et dont nous n'avons pas l'expérience directe, un espace qui est une pure conjecture.

Toujours est-il que cette tripartition est illusoire, aussi bien concernant le temps que l'espace. En définitive, nous n'avons pour nous consoler que le doute. Et le retour aux premières étapes de l'espace et du temps, espace restreint, temps court, auxquels nous ne cessons de revenir et dans lesquels nous nous mouvons.

LE SENS SOCIAL DU TITRE « DES COCHES »

Le titre du chapitre « Des coches » est tout un programme. Qu'entendre exactement par là ? La définition que propose le *Dictionnaire historique de la langue française* est « grande voiture publique, tirée par des chevaux

12 Voir sur ce point Giuliano Gliozzi, *Adam et le Nouveau Monde. La naissance de l'anthropologie comme idéologie coloniale*, trad. fr., Lecques, Théétète éditions, 2000, p. 326-329.

et réservée aux gens moins fortunés », les plus riches ayant leur carrosse personnel[13]. Le chapitre « Des coches » parle de voitures, comme l'indique son titre et comme le dit très bien l'anglais d'hier et d'aujourd'hui[14]. "*Of Coaches*", traduit exactement John Florio, le premier traducteur anglais des *Essais* de Montaigne, un Italien acclimaté à l'Angleterre et proférant avec aisance la langue de Shakespeare, tout en connaissant parfaitement le français[15]. *Of Coaches*, « Des coches » ou « Des voitures ». De cette idée de locomotion ou de mouvement, désignée par le titre, on passe, dans le cours de l'essai, à l'expérience de l'instabilité, « malaise physique aggravé en angoisse devant les bouleversements du monde, puis, par ressaisissement, mué en indignation contre leurs agents historiques[16] ».

On ne peut exclure toutefois le jeu sur l'homonyme « coche », au féminin, signifiant cochon, si l'on en croit le *Dictionnaire* français-anglais de Randle Cotgrave[17]. Amy Graves a consacré toute une étude à ce jeu de mots « qui repose sur l'hésitation entre les véhicules de luxe d'une part et, de l'autre, les connotations de l'excès, de la paresse et du manque de courage chez les pourceaux[18] ». Des porcs et des voitures, mais encore ? Montaigne évoque les cochons ou plutôt les porcs dès le début du chapitre « Des coches ». En effet, s'interrogeant sur la cause du soulèvement d'estomac qui advient à ceux qui voyagent en mer, il marque son désaccord avec Plutarque, auteur qu'il loue à de rares exceptions près, lequel attribue l'envie de vomir à la peur. Lui-même, qui est fort sujet à ce type de malaise, sait bien que cette cause ne le touche pas, « et le sçay non par argument, mais par necessaire experience » (l. 26-27). Et de prendre l'exemple des animaux ou plutôt des « bestes », et notamment des « pourceaux », lesquels se trouvent mal sur l'eau, « hors de toute apprehension de danger ». Preuve complémentaire,

---

13 Alain Rey dir., *Dictionnaire historique de la langue française*, Paris, Dictionnaires Le Robert, 1992, s.v. « 3. coche »

14 Voir Tom Conley, *The Self-Made Map : Cartographic Writing in Early Modern France*, Minneapolis, University of Minnesota Press, 1996, p. 270-278 : "Fumée's Gomara and 'Des Coches'".

15 Montaigne, *The Essayes or Morall, Politike and Millitarie Discourses of Lo : Michaell de Montaigne*, Londres, printed by Val. Sims for Edward Blount, 1603, p. 538-549, "*The third Booke, The sixth Chapter, Of Coaches*".

16 André Tournon, « Tout dire ou tout désigner », *Revue d'histoire littéraire de la France*, 88e année, n° 5, sept.-oct. 1988, p. 925.

17 Randle Cotgrave, *A Dictionarie of the French and English Tongues*, Londres, 1611, s. v. « Coche ».

18 Amy Graves Monroe, « Rappeler le cochon… », art. cité, p. 201.

une de ses connaissances, « un mien connaissant », comme il dit, lui a témoigné qu'y étant fort sujet, l'envie de vomir lui était passée deux ou trois fois, « se trouvant pressé de frayeur en grande tourmente » (l. 32).

Contre-exemple, au chapitre « Que le goust des biens et des maux depend en bonne partie de l'opinion que nous en avons » : Pyrrho le Philosophe, se trouvant un jour de grande tourmente dans un bateau, montrait à ceux qu'il voyait les plus effrayés autour de lui, et les encourageait par l'exemple d'un pourceau, qui y était, « nullement soucieux de cet orage » (I, 14, p. 54-55). L'indifférence du cochon dans la tempête, telle que la relate Diogène Laërce dans « La Vie De Pyrrhon », serait le modèle à suivre. « À quoy faire la cognoissance des choses, si nous en perdons le repos et la tranquillité, où nous serions sans cela, et si elle nous rend de pire condition que le pourceau de Pyrrho ? » (I, 14, p. 55). Comme le dit Amy Graves, Montaigne se moque gentiment de nous et mêle à plaisir, et en tous sens, la cochonnaille aux coches d'eau[19]. Embarquée, « la » coche peut-être indifférente à la tempête, comme elle peut s'y trouver aussi mal que nous.

Revenons aux coches masculins – c'est-à-dire aux voitures –, sur le sens desquels il n'y a guère à hésiter. Les coches sont un moyen de transport que n'appréciait guère Montaigne, fier de sa noblesse et dédaignant d'emprunter ce mode de transport collectif. *Montaigne à cheval*, c'est ainsi que Jean Lacouture a intitulé sa preste biographie[20]. Sans cheval, on ne saurait comprendre Montaigne, l'homme non plus que l'œuvre, Montaigne qui confessait : « Je ne démonte pas volontiers quand je suis à cheval : car c'est l'assiette, en laquelle je me trouve le mieux et sain et malade » (I, 48, p. 289). Et qui renchérissait, quelques centaines de pages plus loin : « Je me tiens à cheval sans demonter tout choliqueux que je suis, et sans m'y ennuyer, huict et dix heures, "*vires ultra sortemque senectae*" » [outre les forces et la condition de la vieillesse] (III, 9, p. 974). La mort lui étant « une partout », c'est-à-dire indifférente ici ou là, s'il

19 *Ibid.*, p. 202.

20 Jean Lacouture, *Montaigne à cheval*, Paris, Éditions du Seuil, 1996, p. 155 : comme Montaigne « a fait mine de se barricader dans sa tour », « on en vient, comme Michelet et bien d'autres, à faire des *Essais* le long gémissement, le ricanement amer d'un infirme ». À nuancer et corriger par Alain Legros, *Essais sur poutres. Peintures et inscriptions chez Montaigne*, Préface de Michel A. Screech, Paris, Klincksieck, 2000, p. 85, note 138. Du même Alain Legros, « Du Cerceau et Montaigne : les mots de l'architecte et les galeries de rêve », *Journal de la Renaissance*, vol. II, 2004, p. 145-154 ; « Montaigne, l'imprimeur Nivelle et la fille qui allaitait son père (scène peinte) », *ibid.*, p. 155-163.

avait à choisir, ce serait, croit-il, « plutost à cheval que dans un lict », hors de sa maison et éloigné des siens (III, 9, p. 978). Mourir à cheval après avoir vécu de même, des heures, des journées et parfois, lors des fortes chaleurs, des nuits durant, si l'on en croit la confidence suivante : « J'ay apris à faire mes journées à l'Espagnole, d'une traicte : grandes et raisonnables journées : Et aux extremes chaleurs les passe de nuict, du Soleil couchant jusques au levant » (III, 9, p. 974).

Le cheval revient encore dans le dernier chapitre des *Essais*, « De l'experience », dans un passage retouché sur l'exemplaire de Bordeaux : « mais sur le pavé, despuis mon premier aage, je n'ay aymé d'aller qu'à cheval : à pied je me crotte jusques aux fesses : et les petites gens sont subjets par ces ruës, a estre choquez et coudoyez à faute d'apparence » (III, 13, p. 1096).

Dans le chapitre « Des destrie[r]s », déjà cité plus haut, Montaigne glissait cette remarque relative au Nouveau Monde : « Ces nouveaux peuples des Indes, quand les Espagnols y arriverent, estimerent, tant des hommes que des chevaux, que ce fussent ou Dieux ou animaux, en noblesse au-dessus de leur nature » (I, 48, p. 293). Et d'ajouter, toujours à propos des Mexicains : « Aucuns – c'est-à-dire certains –, apres avoir esté vaincus, venant demander paix et pardon aux hommes, et leur apporter de l'or et des viandes, ne faillirent d'en aller autant offrir aux chevaux, avec une toute pareille harangue à celle des hommes, prenant leur hannissement pour langage de composition et de trefve ». Les chevaux hennissant à défaut de parler, et révérés en conséquence à l'égal des hommes et des dieux, voilà qui n'est pas pour déplaire à Montaigne ! On apprécie la malice de Montaigne, à rapporter cet usage inattendu, étrange et pour le moins paradoxal, qui consiste à présenter des offrandes d'or et de la nourriture délicate aux chevaux.

C'est donc un privilège que d'aller à cheval, un privilège d'ordre dans une société étroitement hiérarchisée. Les nobles, qui sont le premier des trois ordres, montent à cheval. Les simples coches ne sauraient convenir à un gentilhomme comme Montaigne, lequel ne va jamais qu'à cheval, qu'il se promène dans son domaine ou qu'il se rende à Paris[21]. Les coches, en revanche, sont accessibles à tout le monde, aux religieux comme aux

21 Voir l'article « Cheval », signé Jean Balsamo, dans le *Dictionnaire de Michel de Montaigne*, Paris, 2007, p. 190-191. Du même, « Montaigne, le style (du) cavalier, et ses modèles italiens », *NRSS*, 17, 1999, p. 253-268.

simples roturiers, qui s'y entassent et s'y enferment. Certes il existe des coches de luxe, des diligences, comme on dira plus tard, ou plutôt des carrosses comme dans les contes de fées. On verra que Montaigne en parle à l'occasion de son voyage à Rome.

Il reste que Montaigne n'aime guère les coches. Les coches l'écœurent, nous dit-il. Rien d'étonnant à cela. Si Montaigne les dédaigne, c'est pour une double raison, raison personnelle et médicale, comme il nous l'apprend au début de ce chapitre, raison sociale surtout, qui reste sous-entendue, et qui les condamne définitivement. Montaigne n'est pas un roturier, qu'on se le dise ! Peu importe de savoir que sa noblesse est récente, et qu'elle ne remonte en fait qu'à la génération précédente. Par la volonté de son père Pierre Eyquem, Michel est seigneur de Montaigne, et par conséquent gentilhomme, autrement dit réfractaire à toute forme de coches. Homme de cheval et non de coche, noble caracolant sur sa monture et non roturier balloté dans un inconfortable coche ! En conséquence, il est facile de saisir sa conduite : « Son idéal : passer sa vie "le cul sur la selle" », comme le dit Daniel Ménager, en une formule lapidaire, calquée sur une brève incise du chapitre « De la vanité » (III, 9, p. 987)[22].

En conclusion, l'on ne peut qu'être d'accord avec Alain Legros : « Si l'écriture de Montaigne est prise dans un mouvement incessant, ce n'est pas vraiment celle d'un marcheur, bien que l'auteur déclare aller "de la plume comme des pieds". C'est plutôt celle d'un cavalier[23] ».

« À CHEVAL ON VOIT MIEUX »

Un dernier mot à propos des coches. Dans son *Journal de voyage*, lors de son premier séjour à Rome, Montaigne déclare : « À cheval on voit mieux », s'excusant aussitôt après, ou plutôt feignant de se corriger : « mais c'est affaire ou aux chétifs comme moi, ou aux jeunes hommes montés sur des chevaux de service qui manient[24] ». Les « chétifs », c'est-à-dire les petits, les malingres comme lui-même, glisse-t-il, non sans un soupçon d'ironie. Autrement dit, une fois montés à cheval, les malingres ou les écuyers, qui font métier de cela, voient beaucoup mieux.

---

22 Cité par Daniel Ménager, *Montaigne et la "culture de l'âme"*, Paris, Classiques Garnier 2020, p. 115.

23 Alain Legros, *Essais sur poutres*, *op. cit.*, p. 209.

24 Montaigne, *Journal de voyage*, éd. Fausta Garavini, Paris, Gallimard, « Folio », 1983, p. 224 ; éd. François Rigolot, Paris, PUF, p. 121.

Or ce que l'on voit mieux, depuis un cheval plutôt qu'en voiture, ce sont les courtisanes de Rome, assises à leur balcon et se dissimulant à demi, ou, pour mieux dire, s'exhibant au contraire derrière leurs « jalousies », pour appâter le client. Montaigne ne peut s'empêcher d'admirer l'« art si traîtresse » de ces dames, et « combien elles se montraient plus belles qu'elles n'étaient ». Et de glisser tout un développement : « Elles savent se présenter par ce qu'elles ont de plus agréable ; elles vous présenteront seulement le haut du visage, ou le bas ou le côté, se couvrent ou se montrent, si qu'il ne s'en voit une seule laide à la fenêtre[25] ».

Là encore les coches présentent bien des inconvénients. À en croire Montaigne dans le même passage, les personnes « de grade », c'est-à-dire de qualité, « ne vont qu'en coche », c'est-à-dire en carrosse. Carrosses certes confortables, mais absurdement aveugles, à moins d'être ouverts par-dessus, à claire-voie, comme la mode s'en répand. D'où le mot d'un prédicateur qui reproche plaisamment à son auditoire de s'employer à faire « les astrolabes de nos coches[26] ». Ce mot plaît tellement à Montaigne qu'il le répète en ouverture et en épilogue de son « tour de ville », passe-temps nécessaire et combien agréable à Rome, où l'on peut entrevoir beaucoup de choses, à condition de lever l'œil. Depuis un cheval plutôt que d'un coche.

Reprenons calmement depuis le début. À cheval, bien évidemment, et non pas monté sur deux, trois ou quatre roues, en char, en coche ou en diligence.

25 *Ibid.*, p. 224 ; éd. F. Rigolot, p. 121.
26 *Ibid.*, p. 223 et 224 ; éd. F. Rigolot, p. 121-122.

ESSAIS, LIVRE III, CHAPITRE 6

DES COCHES

DES COCHES[1] [898]

Il est bien aisé à verifier que les grands autheurs, escrivant des causes, ne se servent pas seulement de celles qu'ils estiment estre vraies, [899] mais de celles encores qu'ils ne croient pas, pourveu qu'elles ayent quelque *invantion et*[a] beauté. Ils disent assez veritablement et utilement, s'ils disent ingenieusement. Nous ne pouvons nous asseurer de la maistresse cause ; nous en entassons plusieurs, voir[b] si par rencontre elle se trouvera en ce nombre,

namque unam dicere causam
Non satis est, verum plures, unde una tamen sit

[« Car il ne suffit pas d'assigner une seule cause ;
mais il en faut énumérer plusieurs dont une seule pourtant est la vraie[2] »]

Me demandez vous d'où vient cette coustume de benire ceux qui estrenuent[c] ? Nous produisons trois sortes de vent : celuy qui sort par embas est trop sale ; celuy qui sort par la bouche porte quelque reproche de gourmandise ; le troisiesme est l'estrenuement[d] ; et parce qu'il vient de la teste, et est sans blasme, nous luy faisons cet honneste recueil[3]. Ne vous moquez pas de cette subtilité ; elle est (dict-on) d'Aristote[4].

---

1 Comme le dit Montaigne, « les noms de mes chapitres n'en embrassent pas toujours la matière ; souvent ils la dénotent seulement par quelque marque » (*Essais*, III, 9, p. 994). Le chapitre « Des coches », c'est-à-dire « Des voitures » – « coaches » en anglais –, traite, entre autres choses, de la conquête du Nouveau Monde par les Espagnols. Ce titre est exemplaire de la « désignation oblique » qu'affectionne Montaigne dans les derniers *Essais*. Il s'agit pour lui de désorienter le lecteur avide de vérités toutes faites et de le réorienter subrepticement vers un autre type de lecture, braconnière et participante. Voir André Tournon, « Tout dire ou tout désigner », *Revue d'histoire littéraire de la France*, 88e année, n° 5, sept.-oct. 1988, p. 923-933.

2 Lucrèce, *De natura rerum*, VI, 703-704.

3 Accueil.

4 Aristote, *Problèmes*, XXXIII, 9, cité peut-être à travers Coelius Rhodiginus, *Lectiones Antiquae*, XXIV, XXVII (note de Jean Céard).

Il me semble avoir veu en Plutarque[5] (qui est de tous les autheurs que je cognoisse, celuy qui a mieux meslé l'art à la nature et le jugement à la science), rendant la cause du souslevement d'estomac, qui advient à ceux qui voyagent en mer, que cela leur arrive de crainte, ayant trouvé quelque raison par laquelle il prouve que la crainte peut produire un tel effect. Moy, qui y suis fort subjet, sçay bien que cette cause ne me touche pas, et[e] le sçay non par argument, mais par necessaire experience. Sans alleguer ce qu'on m'a dict, qu'il en arrive de mesme souvent aux bestes, et notamment aux pourceaux[f], *hors de toute*[g] apprehension de danger ; et ce qu'un mien connoissant[6] m'a tesmoigné de soy, qu'y estant fort subjet, l'envie de vomir luy estoit passée deux ou trois fois, se trouvant pressé de fraieur en grande tourmente, *comme à cet ancien : « Pejus vexabar quam ut periculum mihi succurreret »* [« *J'étais trop incommodé pour songer au péril* »][7 h] : je n'eus jamais peur sur l'eau, comme je n'ay aussi ailleurs (et s'en est assez souvent offert de justes[8], si la mort l'est) qui m'ait au-moins troublé[i] ou esblouy. Elle naist par fois de faute de jugement, comme de faute de cœur. Tous les dangers que j'ay veu, ç'a esté les yeux ouverts, la veue libre, saine et entiere : encore faut-il du courage à craindre. Il me servit autrefois, au pris[9] d'autres, pour conduire et tenir en ordre ma fuite, qu'elle fut *sinon sans crainte, toutesfois*[j] sans effroy, et sans estonnement : elle estoit esmeue, mais non pas estourdie *ny*[k] esperdue.

Les grandes ames vont bien plus outre, et representent des fuites, non rassises seulement, et saines, mais fieres. Disons celle qu'Alcibiades[10] recite de Socrates, son compagnon d'armes : *Je* le trouvay (*dict*-il[l]) apres la route[11] de nostre armée, luy et Lachez, des derniers entre les fuyans ; [900] et le consideray tout à mon aise, et en seureté[12], car j'estois sur un bon cheval, et luy

---

5 Plutarque, *Les causes naturelles*, XI, 914.

6 Une de mes connaissances.

7 Sénèque, *Épîtres*, 53, 3.

8 De justes peurs, c'est-à-dire des peurs justifiées.

9 En comparaison d'autres.

10 Dans *le Banquet* de Platon, 221a-b.

11 La déroute.

12 Dans *le Banquet* de Platon, 221a-b.

à pied, et avions ainsi combatu. Je remerquay premierement, combien il montroit d'avisement et de resolution, au pris de Lachez, et puis la braverie de son marcher, nullement different du sien ordinaire, sa veue ferme et reglée, considerant et jugeant ce qui se passoit autour de luy, regardant tantost les uns, tantost les autres, amis et ennemis, d'une façon, qui encourageoit les uns, et signifioit aux autres, qu'il estoit pour vendre bien cher son sang et sa vie, à qui essayeroit de la luy oster ; et se sauverent ainsi : car volontiers on n'ataque pas ceux-cy, on court apres les effraiez. Voilà le tesmoignage de ce grand capitaine, qui nous apprend, ce que nous essayons[13] tous les jours, qu'il n'est rien qui nous jette tant aux dangers qu'une faim inconsiderée de nous en mettre hors. « *Quo timoris minus est, eo minus ferme periculi est* » [« *Moins on a peur, moins d'ordinaire on est en danger* »][14m]. Nostre peuple a tort de dire : celuy-là[n] craint la mort, quand il veut exprimer qu'il y songe, et qu'il la prevoit. La prevoyance convient egallement à ce qui nous touche en bien, et en mal. Considerer et juger le danger, est aucunement[15] le rebours de s'en estonner[16].

Je ne me sens pas assez fort pour soustenir le coup, et l'impetuosité de cette passion de la peur, ny d'autre vehemente. Si j'en estois un coup vaincu et atterré, je ne m'en releverois jamais bien entier. Qui auroit fait perdre pied à mon ame, ne la remettroit jamais droicte en sa place ; elle se retaste et recherche trop vifvement et profondement, et, pourtant[17], ne lairroit jamais *ressouder*[o] *et*[p] consolider la plaie qui l'auroit percée. Il m'a bien pris qu'aucune maladie ne me l'ayt encore desmise. A chaque charge qui me vient, je me presente et oppose en mon haut appareil ; ainsi, la premiere qui m'emporteroit me mettroit sans resource. Je n'en faicts poinct à deux[18] : par quelque endroict que le ravage fauçast ma levée[19], me voylà ouvert, et noyé sans remede. *Epicurus dict*

13 Nous expérimentons.
14 Tite-Live, *Histoire de Rome*, XXII, 5.
15 Quelque peu, d'une certaine manière.
16 Le contraire d'en être bouleversé.
17 Et pour cette raison.
18 Je ne m'y reprends pas à deux fois.
19 Fît une brèche dans ma digue.

que le sage ne peut jamais passer à un estat contraire[20]*. J'ay quelque opinion de l'envers de cette sentence, que, qui aura esté une fois bien fol, ne sera nulle autre fois bien sage*[q].

Dieu donne[r] le froid selon la robe[21], et me donne les passions selon le moien que j'ay de les soustenir. Nature, m'ayant descouvert d'un costé, m'a couvert de l'autre ; m'ayant *desarmé*[s] de force, m'a armé[t] d'insensibilité, et d'une apprehension reiglée, ou mousse[22].

Or je ne puis souffrir long temps (et les souffrois plus difficilement en jeunesse) ny coche, ny littiere, ny bateau ; et hay toute autre voiture que de cheval, et en la ville et aux champs. Mais je puis souffrir la lictiere moins qu'un coche et, par mesme raison, plus aiséement une agitation rude sur l'eau, d'où se produict la peur, que le mouvement qui [901] se sent en temps calme. Par cette legere secousse, que les avirons donnent, desrobant le vaisseau soubs nous, je me sens brouiller, je ne sçay comment, la teste et l'estomac, comme je ne puis souffrir soubs moy un siege tremblant. Quand la voile ou le cours de l'eau nous emporte esgalement[23] ou qu'on nous touë[24][u], cette agitation unie ne me blesse aucunement : c'est un remuement interrompu qui m'offence, et plus quand il est languissant. Je ne sçaurois autrement peindre sa forme. Les medecins m'ont ordonné de me presser et sangler d'une serviette le bas du ventre pour *remedier*[v] à cet accident ; ce que je n'ay point essayé, ayant accoustumé de luicter[25] les deffauts qui sont en moy, et les dompter par moy-mesme.

Si j'en avoy la memoire suffisamment informée, je ne pleinderois mon temps[26] *à dire icy l'infinie varieté que les histoires nous presentent de l'usage des coches au service de la guerre, divers selon les nations, selon les siecles, de grand effect, ce me semble, et necessité : si que c'est*

20 D'après Diogène Laërce, *Épicure*, X, 117.

21 Proverbe relevé par Henri Estienne dans *Les Prémices* : Dieu mesure les épreuves à la capacité des hommes de les supporter.

22 Émoussée.

23 D'un mouvement uniforme.

24 Remorque.

25 Combattre.

26 Je n'épargnerais mon temps.

merveille que nous en ayons perdu toute connoissance. J'en diray seulement cecy que tout freschement, du temps de nos peres, les Hongres[27] *les mirent tres-utilement en besongne contre les Turcs, en chacun y ayant un rondellier*[28] *et un mousquetaire, et nombre de harquebuzes rengées, prestes et chargées : le tout couvert d'une pavesade*[29] *à la mode d'une galliotte. Ils faisoient front à leur bataille de trois mille tels coches, et, apres que le canon avoit joué, les faisoient tirer avant et avaller aux ennemys cette salve avant que de taster le reste, qui n'estoit pas un leger avancement : ou les descochoient dans leurs escadrons*[w] *pour les rompre et y faire jour, outre le secours qu'ils en pouvoient tirer pour flanquer en lieu chatouilleux les troupes marchant en la campagne, ou à couvrir un logis à la haste et le fortifier. De mon temps, un Gentilhomme, en l'une de nos frontieres, impost*[30] *de sa personne et ne trouvant cheval capable de son poids, ayant une querelle, marchoit par païs en coche de mesme cette peinture, et s'en trouvoit tres-bien. Mais laissons ces coches guerriers. Les Roys*[x] *de nostre premiere race marchoient en païs sur un charriot trainé par*[y] *quatre bœufs*[31 z]. Marc Antoine fut le premier qui se fit *mener*[aa] à Romme, et une garse menestriere quand et luy[32], par des lyons attelez à un coche. Heliogabalus en fit dépuis autant, se disant Cibelé[33], la mere des dieux, et aussi par des tigres, contrefaisant le Dieu Bacchus ; il attela aussi par fois deux cerfs à son coche, et une autre fois quattre chiens, et encore quattre [902] garses nues, se faisant trainer par elles en pompe tout nud[34]. L'empereur Firmus *fit mener* son coche *à* des autruches[ab] de merveilleuse grandeur, de maniere qu'il sembloit plus voler que rouler. L'estrangeté

27 Les Hongrois. D'après Chalcondyle, *Histoire de la décadence de l'empire grec*, VII, 7, trad. Blaise de Vigenère, 1577.

28 Un soldat équipé d'un bouclier rond ou rondache.

29 Une rangée de pavois ou de boucliers longs, comme on en trouvait sur les galères de combat, pour protéger les rameurs. Ces « coches » sont des sortes de véhicules blindés avant la lettre.

30 Impotent.

31 Les rois fainéants ou Mérovingiens. D'après Du Haillan, *Histoire des rois de France*, éd. 1576, II, p. 105.

32 Une fille jouant d'un instrument de musique avec lui.

33 Cybèle.

34 Sur les attelages extravagants d'Héliogabale, voir l'*Histoire Auguste*, Lampride, *Vie d'Héliogabale*, XXVII-XXVIII. Cette chaîne de références associant Marc Antoine, Héliogabale et Firmus vient de Petrus Crinitus, *De honesta disciplina*, XVI, X.

de ces inventions me met en teste cett'autre fantasie : que c'est une espece de pusillanimité aux monarques, et un tesmoignage de ne sentir point assez ce qu'ils sont, de travailler à se faire valloir et paroistre par despences excessives. Ce seroit chose excusable en pays estranger ; mais, parmy ses subjects, où il peut tout, il tire de sa dignité le plus extreme degré d'honneur où il puisse arriver. Comme à un gentil homme, il me semble qu'il est superflu de se vestir curieusement en son privé : sa maison, son trein, sa cuysine, respondent assez de luy.

Le conseil qu'Isocrates donne à son Roy[35] *ne me semble sans raison : Qu'il soit splendide en meubles et ustensiles, d'autant que c'est une despence de durée, qui passe jusques à ses successeurs ; et qu'il fuye toutes magnificences qui s'escoulent incontinent*[36] *et de l'usage et de la memoire*[ac].

J'aymois à me parer, quand j'estoy cabdet[37], à faute d'autre parure, et me sioit bien : il en est sur qui les belles robes pleurent. Nous avons des comptes merveilleux de la frugalité de nos Roys au tour de leur personne, et en leurs dons ; grands Roys en credit, en valeur, et en fortune. Demostenes combat à outrance la loy de sa ville qui assignoit les deniers publics aux pompes des jeux et de leurs festes ; il veut que leur grandeur se montre en quantité de vaisseaux bien equipez, et bonnes armées bien fournies[38].

Et a l'on raison d'accuser Theophrastus d'avoir establi[ad]*, en son livre des richesses, un advis contraire, et maintenu*[ae] *telle nature de despence estre le vray fruit de l'opulence. Ce sont plaisirs, dict Aristote*[39]*, qui ne touchent que la plus basse commune, qui s'evanouissent de memoire*[af] *aussi tost qu'on en est rassasié et desquels nul homme judicieux et grave ne peut faire estime. L'emploitte me sembleroit bien plus royale comme plus utile, juste et durable, en ports, en havres, fortifications et murs, en bastiments somptueux, en eglises, hospitaux, colleges,*

35 Isocrate, *Discours à Nicoclès*, VI, 19.

36 Aussitôt.

37 Le cadet, à proprement parler, est le puîné d'un frère noble. Le terme désigne par extension un jeune homme qui n'a pas les responsabilités d'un chef de famille.

38 Démosthène, dans la *Troisième Olynthienne*, demanda que les fonds des spectacles fussent affectés à la guerre contre Philippe de Macédoine.

39 Théophraste et Aristote sont allégués par Cicéron, *De officiis*, II, XV-XVI.

reformation de rues et chemins : en quoy le pape Gregoire treziesme[40] *a laissé*[ag] *sa memoire recommandable de mon temps*[ah], *et en quoy nostre Roine Catherine*[41] *tesmoigneroit à longues années sa liberalité naturelle et munificence, si ses moyens suffisoient à son affection. La fortune m'a faict grand desplesir d'interrompre la belle structure du Pont neuf de nostre grande ville et m'oster l'espoir avant de mourir*[ai] *d'en veoir en train l'usage*[42][aj].

Outre ce, il[ak] semble aus subjects, spectateurs de ces triomphes, qu'on leur faict montre de leurs propres richesses, et qu'on les festoye à [903] leurs despens. Car les peuples presument volontiers des Roys, comme nous faisons de nos valets, qu'ils doivent prendre soing de nous aprester en abondance tout ce qu'il nous faut, mais qu'ils n'y doyvent aucunement toucher de leur part. Et pourtant l'Empereur Galba, ayant pris plaisir à un musicien pendant son souper, se fit aporter sa boete, et luy donna en sa main une poignée d'escus qu'il y pescha, avec ces paroles : Ce n'est pas du public, c'est du mien[43]. Tant y a qu'il advient le plus souvant que le peuple a raison, et qu'on repaist ses yeux de ce dequoy il avoit à paistre son ventre. La liberalité mesme n'est pas bien en son lustre en mains souveraines[al] ; les privez y ont plus de droict : car, à le prendre exactement, un Roy n'a rien proprement sien ; il se doibt soy-mesmes à autruy. *La jurisdiction ne se donne point en faveur du juridiciant*[44], *c'est en faveur du juridicié. On faict un superieur, non jamais pour son profit, ains pour le profit de l'inferieur, et un medecin pour le malade, non pour soy. Toute magistrature, comme toute art, jette sa fin hors d'elle : « nulla ars in se versatur » [« Nul art n'a sa fin en soi »]*[45][am]. Parquoy les gouverneurs de l'enfance des princes, qui se piquent à leur imprimer cette vertu de largesse, et les preschent de ne

40 Le pape Grégoire XIII (1572-1585), que Montaigne rencontra à Rome, lors de son voyage en Italie.

41 Catherine de Médicis, reine mère de François II, Charles IX et Henri III, fit notamment construire les Tuileries.

42 Le Pont-Neuf de Paris, dont la première pierre fut posée le 31 mai 1578, ne fut achevé qu'en 1607, sous le règne d'Henri IV. Sa construction fut interrompue après la journée des Barricades en mai 1588.

43 Plutarque, *Vie de Galba*, XX, Paris, Gallimard, t. II, 1951, p. 1168.

44 Le *juridiciant*, c'est celui qui rend la justice ; le *juridicié*, celui à qui l'on rend la justice.

45 Cicéron, *De finibus*, V, VI, 16.

sçavoir rien refuser, et n'estimer rien si bien employé que ce qu'ils donneront (instruction que j'ay veu en mon temps fort en credit[an]), ou ils regardent plus à leur proufit qu'à celuy de leur maistre, ou ils entendent mal à qui ils parlent. Il est trop aysé d'imprimer la liberalité en celuy qui a dequoy y fournir autant qu'il veut, aus despens d'autruy. *Et son estimation se reglant non à la mesure du present, mais à la mesure des moyens de celuy qui l'exerce, elle vient à estre vaine en mains si puissantes. Ils se trouvent prodigues, avant qu'ils soient liberaux*[ao]. Pourtant est elle de peu de recommandation, au pris d'autres vertus royalles, et la seule, comme disoit le tyran Dionysius[46], qui se comporte bien avec la tyrannie mesme. Je luy[ap] apprendroy plustost ce verset du laboureur ancien :

Τῇ χειρὶ δεῖ σπεὶρειν, ἀλλὰ μὴ ὅλῳ τῷ θυλακῷ[47],

qu'il faut à qui en veut retirer fruict, semer de la main, non pas verser du sac (*il faut espandre le grain, non pas le respandre)*[aq] : et qu'ayant à donner, ou, pour mieux dire, à paier, et rendre à tant de gens, selon qu'ils l'ont deservy[48], il en doibt estre royal et avisé dispensateur. Si la liberalité d'un prince est sans discretion[49] et sans mesure, je l'aime mieux avare.

La vertu Royalle semble consister le plus en la justice ; et de toutes les parties de la justice celle là remarque mieux les Roys, qui accompaigne [904] la liberalité ; car ils l'ont particulierement reservée à leur *charge*[ar], là où toute autre justice, ils l'exercent volontiers par l'entremise d'autruy. L'immoderée largesse est un moyen foible à leur acquerir bien-veuillance : car elle rebute plus de gens qu'elle n'en practique[50] : « *Quo in*

46 Le tyran Denys de Syracuse. D'après Plutarque, *Dits notables des anciens rois*, XII, 176 B, f. 190.

47 Vers de Corinne cité par Plutarque, *Si les Athéniens ont été plus excellents en armes qu'en lettres*, IV, que Montaigne a trouvé chez Juste Lipse, *De Amphitheatro* (VII, *in fine*). La graphie de Villey est erronée. L'Exemplaire de Bordeaux met « Τῇ χειρὶ δεῖ σπείρειν, ἀλλὰ μὴ ὀλῳ τῶ θυλακῶ » (avec quelques erreurs, le texte correct de Corinne (Plutarque, *De gloria Atheniensium* 348A) étant : « Τῇ χειρὶ δεῖ σπείρειν, ἀλλὰ μὴ ὅλῳ τῷ θυλάκῳ). Nous remercions Julia Wang pour ces précisions.

48 Mérité.

49 Sans discernement.

50 Gagne.

plures usus sis, minus in multos uti possis. Quid autem est stultius quam quod libenter facias, curare ut id diutius facere non possis » [« *Plus on l'a exercée, moins on peut l'exercer. Quoi de plus sot, quand on aime à faire quelque chose, que de se rendre incapable de le faire longtemps ?* »][51][as] ? Et, si elle est employée sans respect du merite, fait vergoingne à qui la reçoit : et se reçoit sans grace. Des tyrans ont esté sacrifiez à la hayne du peuple par les mains de ceux mesme, lesquels ils avoyent iniquement avancez, telle *maniere* d'hommes[at] estimans asseurer la possession des biens indeuement receuz en montrant[au] avoir à mespris et hayne celuy de qui[av] ils les tenoyent, et se raliant[aw] au jugement et opinion commune en cela.

Les subjects d'un prince excessif en dons se rendent excessifs en demandes ; ils se taillent non à la raison, mais à l'exemple. Il y a certes souvant, dequoy rougir de nostre impudence ; nous sommes surpayez selon justice, quand la recompence esgalle nostre service, car n'en devons nous rien à nos princes d'obligation naturelle ? S'il porte[52] nostre despence, il faict trop : c'est assez qu'il l'ayde : le surplus s'appelle bienfaict, lequel ne se peut exiger, car le nom mesme de liberalité[ax] sonne liberté. A nostre mode, ce n'est jamais faict ; le reçeu ne se met plus en compte ; on n'ayme la liberalité que future : parquoy plus un Prince s'espuise en donnant, plus il s'apouvrit d'amys. *Comant assouviroit il des envies qui croissent à mesure qu'elles se remplissent ? Qui a sa pensée à prendre, ne l'a plus à ce qu'il a prins. La convoitise n'a rien si propre que d'estre ingrate. L'exemple de Cyrus*[53] *ne duira*[54] *pas mal en ce lieu pour servir aux Roys de ce temps de touche*[55] *à reconnoistre leurs dons, bien ou mal employez, et leur faire veoir combien cet Empereur les assenoit*[56] *plus heureusement qu'ils ne font. Par où ils sont reduits de faire leurs emprunts sur les subjects*[ay] *inconnus et plustost sur ceux à qui ils ont faict du mal, que sur ceux à qui ils ont faict du bien ; et n'en reçoivent aydes où il y*

51 Cicéron, *De officiis*, II, XV, 52 et 54.
52 S'il supporte.
53 Xénophon, *Cyropédie*, VIII, 2.
54 Conviendra.
55 De pierre de touche.
56 Attribuait.

aye rien de gratuit que le nom[57]*. Crœsus luy reprochoit sa largesse, et calculoit à combien se monteroit son thresor, s'il eust eu les mains plus restreintes. Il eut envie de justifier sa liberalité : et, despeschant de toutes parts vers les grands de son estat, qu'il avoit particulierement avancez, pria chacun de le secourir d'autant d'argent qu'il pourroit à une sienne necessité, et le luy envoyer par declaration. Quand tous ces bordereaux luy furent apportez, chacun de ses amis, n'estimant pas que ce fut assez faire de luy en offrir autant seulement qu'il en avoit receu de sa munificence, y en meslant du sien* [905] *plus propre beaucoup, il se trouva que cette somme se montoit bien plus que l'espargne de Crœsus. Sur quoy luy dict Cyrus*[az] *: Je ne suis pas moins amoureux des richesses que les autres Princes, et en suis plus tost plus mesnager*[58]*. Vous voyez à combien peu de mise j'ay acquis le thresor inestimable de tant d'amis ; et combien ils me sont plus fideles thresoriers que ne seroient des hommes mercenaires sans obligation, sans affection : et ma chevance*[59] *mieux logée qu'en des coffres, appellant sur moy la haine, l'envie et le mespris des autres princes*[ba].

Les Empereurs *tiroient*[bb] excuse à la superfluité de leurs jeux et montres publiques, de ce que leur authorité dependoit aucunement[60] (au-moins par apparence) de la volonté du peuple Romain, lequel avoit de tout temps accoustumé d'estre flaté par telle sorte de spectacles et excez. Mais c'estoyent particuliers qui avoyent nourry cette coustume de gratifier leurs concitoyens et compaignons principalement[bc] sur leur bourse par telle profusion et magnificence : elle eust tout autre goust quand ce furent les maistres qui vindrent à l'imiter.

« Pecuniarum translatio a justis dominis ad alienos non debet liberalis videri » [« Le transfert d'argent des légitimes possesseurs à des étrangers ne doit pas passer pour libéralité »][61]*. Philippus*[62]*, de ce que son fils essaioit par presents de gaigner la volonté des Macedoniens,*

57 Selon Jean Céard, allusion aux « dons gratuits », contributions extraordinaires que les rois sollicitaient des États généraus. Henri III y eut souvent recours. D'où les critiques sévères de Montaigne à son égard.

58 Économe.

59 Mon bien, ma fortune.

60 Dans une certaine mesure.

61 Cicéron, *De officiis*, II, XV, 53.

62 Philippe de Macédoine, père d'Alexandre le Grand. Cicéron, *De officiis*, II, XV, 53.

l'en tança par une lettre en cette maniere : Quoy ? as tu envie que tes subjects te tiennent pour leur boursier, non pour leur Roy ? Veux tu les prattiquer ? prattique les des bien-faicts de ta vertu, non des bien-faicts de ton coffre[bd].

C'estoit pourtant une belle chose[63], d'aller faire apporter et planter en la place aus arenes une grande quantité de gros arbres, tous branchus et tous verts, representans une grande forest ombrageuse, despartie[64] en belle symmetrie, et, le premier jour, jetter là dedans mille austruches, mille cerfs, mille sangliers et mille dains, les abandonnant à piller au peuple ; le lendemain, faire assomer en sa presence cent gros lions, cent leopards, et trois cens ours, et, pour le troisiesme jour, faire combatre à outrance trois cens pairs de gladiateurs, comme fit l'Empereur Probus. C'estoit aussi belle chose à voir ces grands amphitheatres encroustez de marbre au dehors, labouré[65] d'ouvrages et statues, le dedans reluisant de plusieurs rares enrichissemens,

> Baltheus en gemmis, en illita porticus auro[66] ;
>
> [« Voici la ceinture du théâtre couverte de pierreries, voici le portique revêtu d'or »]

tous les coustez de ce grand vuide remplis et environnez, depuis le fons jusques au comble, de soixante ou quattre vingts rangs d'eschelons, aussi de marbre, couvers de carreaux[67],

> [906] exeat, inquit,
> Si pudor est, et de pulvino surgat equestri,
> Cujus res legi non sufficit[68] ;
>
> [« Qu'il s'en aille, dit-il,
> s'il a quelque pudeur ! qu'il se lève du banc des chevaliers,
> celui qui n'a pas le cens voulu par la loi ! »].

---

63 Les informations qui suivent sur les jeux du cirque à Rome viennent de Juste Lipse, *De amphitheatro*, Anvers, Christophe Plantin, 1584.

64 Répartie.

65 Orné.

66 Calpurnius, *Églogues*, VII, 47, cité par Juste Lipse, *De amphitheatro*, XIII.

67 Quatre-vingts rangées de gradins, eux aussi de marbre, couverts de coussins.

68 Juvénal, *Satires*, III, 153-155, cité par Juste Lipse, *De amphitheatro*, XIII.

où se peut renger cent mille hommes assis à leur aise ; et la place du fons, où les jeux se jouoyent, la faire premierement, par art, entr'ouvrir et fendre en crevasses representant des antres qui vomissoient les bestes destinées au spectacle ; et puis secondement l'inonder d'une mer profonde, qui charrioit force monstres marins, chargée de vaisseaux armez, à representer une bataille navalle ; et, tiercement, l'aplanir et assecher de nouveau pour le combat des gladiateurs ; et, pour la quatriesme façon, la sabler de vermillon et de storax[69], au lieu d'arene[70], pour y dresser un festin solemne[71] à tout ce nombre infiny de peuple : le dernier acte d'un seul jour ;

quoties nos descendentis arenae
Vidimus in partes, ruptaque voragine terrae
Emersisse feras, et iisdem saepe latebris
Aurea cum croceo creverunt arbuta libro.
Nec solum nobis silvestria cernere monstra
Contigit, aequoreos ego cum certantibus ursis
Spectavi vitulos, et equorum nomine dignum,
Sed deforme pecus[72].

[« Combien de fois avons-nous vu l'arène
s'abaisser en partie, du gouffre ouvert dans le sol
surgir des bêtes féroces et souvent, de ces mêmes retraites,
s'élever des arbres d'or à l'écorce jaune safran.
Il ne nous est pas seulement arrivé de voir les monstres des forêts,
j'ai contemplé des veaux marins avec des ours combattant,
et le troupeau hideux des chevaux de mer »].

Quelquefois on y a faict naistre une haute montaigne plaine de fruitiers et arbres verdoyans, rendans par son feste un ruisseau d'eau, comme de la bouche d'une vive fontaine. Quelquefois on y promena un grand navire qui s'ouvroit et desprenoit de soy-mesmes, et, apres avoir *vomi*[be] de son ventre quatre ou cinq cens bestes à combat, se resserroit et s'esvanouissoit, sans

69 Résine tirée d'un arbre nommé storax ou styrax, l'aliboufier dont certaines espèces fournissent des baumes.

70 Au lieu de sable.

71 *Solemne*, du latin *solemnis* : solennel.

72 Calpurnius, *Églogues*, VII, 64, cité par Juste Lipse, *De amphitheatro*, X. Les veaux marins sont des phoques, les chevaux marins des hippopotames.

ayde. Autres-fois, du bas de cette place, ils faisoyent eslancer des surgeons et filets d'eau qui rejalissoyent contremont, et, à cette hauteur infinie, alloyent arrousant et embaumant cette *infinie*[bf] multitude. Pour se couvrir de l'injure du temps, ils faisoient tendre cette immense capacité[73], tantost de voiles de pourpre labourez à l'eguille, tantost de soye d'une ou autre couleur, et les avançoyent et retiroyent en un moment, comme il leur venoit en fantasie :

[907] Quamvis non modico caleant spectacula sole,
vela reducuntur, cum venit Hermogenes[74].

[« Bien que les gradins brûlent sous un soleil accablant,
on retire les voiles quand arrive Hermogène »]

Les rets[75] aussi qu'on mettoit au devant du peuple, pour le defendre de la violence de ces bestes eslancées, estoyent tyssus d'or :

auro quoque torta refulgent
Retia[76].

[« Les filets aussi brillent de l'or dont ils sont tissés »]

S'il y a quelque chose qui soit excusable en tels excez, c'est, où l'invention et la nouveauté fournit d'admiration, non pas la despence.

En ces vanitez mesme, nous descouvrons, combien ces siecles estoyent fertiles d'autres espris que ne sont les nostres[77]. Il

---

73 Cet immense volume.

74 Martial, *Épigrammes*, XII, XXIX, 15-16, cité par Juste Lipse, *De amphitheatro*, XVII. Hermogène est un voleur de serviettes.

75 Les filets.

76 Calpurnius, *Églogues*, VII, 53-54, cité par Juste Lipse, XII.

77 La supériorité des Anciens sur les Modernes est un leitmotiv des *Essais*. Montaigne a consacré à ce thème le chapitre XLIX du livre I : « Des coustumes anciennes », où l'on trouve cette réflexion : « Mais, en toute sorte de magnificence, de desbauche et d'inventions voluptueuses, de mollesse et de sumptuosité, nous faisons à la verité ce que nous pouvons pour les égaler : car nostre volonté est bien aussi gastée que la leur, mais nostre suffisance n'y peut arriver : nos forces ne sont non plus capables de les joindre en ces parties là vitieuses, qu'aus vertueuses : car les unes et les autres partent d'une vigueur d'esprit qui estoit sans comparaison plus grande en eux qu'en nous : et les ames à mesure qu'elles

va de cette sorte de fertilité comme il faict de toutes autres productions de la nature. Ce n'est pas à dire qu'elle y ayt lors employé son dernier effort. Nous[bg] n'allons point, nous rodons plustost, et tournoions çà et là[bh]. Nous nous promenons sur nos pas. Je crains que nostre cognoissance soit foible en tous sens, nous ne voyons ny gueres loin, ny guere arriere ; elle embrasse peu et vit peu, courte et en estandue de temps et en estandue de matiere :

> Vixere fortes ante Agamemnona
> Multi, sed omnes illachrimabiles
> Vrgentur, ignotique longa
> Nocte[78].

> Et supera bellum Trojanum et funera Trojae,
> Multi alias alii quoque res cecinere poetae[79].

> [« Avant Agamemnon ont vécu
> beaucoup de héros, mais tous, sans qu'on les pleure,
> inconnus, sont accablés par une nuit sans fin »].

> [« Et par-delà la guerre de Troie et la mort de Troie,
> il y a eu aussi beaucoup d'autres poètes qui ont chanté d'autres aventures »].

Et la narration de Solon[80], sur ce qu'il avoit apprins des prestres d'Aegypte de la longue vie de leur estat et maniere d'apprendre et conserver les histoires estrangeres, ne me semble tesmoignage de refus[81] en cette consideration. « Si interminatam in omnes partes magnitudinem regionum videremus et temporum, in quam se injiciens animus et intendens ita late longeque peregrinatur, ut nullam oram ultimi videat in qua possit insistere : in hac immensitate infinita vis innumerabilium appareret formarum » [« Si nous pouvions voir l'infini sans limites de l'espace et du temps, où, se plongeant et s'étendant de

---

sont moins fortes, elles ont d'autant moins de moyen de faire ny fort bien, ny fort mal » (éd. Villey, p. 299). Je supprime l'alinéa introduit par Pierre Villey, et qui ne se trouve dans aucune édition ancienne des *Essais*.

78 Horace, *Odes*, IV, IX, 25-28.

79 Lucrèce, V, 326-327.

80 Platon, *Timée*, 22 b-23 b.

81 Témoignage à récuser.

toutes parts, l'esprit voyage en tous sens sans jamais rencontrer un terme à sa course, dans cette immensité sans bornes se découvrirait une quantité innombrable de formes »][82 bi].

[908] Quand tout ce qui est venu par rapport du passé jusques à nous seroit vray et seroit sçeu par quelqu'un, ce seroit moins que rien au pris de[83] ce qui est ignoré ; et de cette mesme image du monde qui coule pendant que nous y sommes, combien chetive et racourcie est la cognoissance des plus curieux : non seulement des evenemens particuliers, que fortune rend souvant exemplaires et poisans, mais de l'estat des grandes polices et nations, il nous en eschappe cent fois plus qu'il n'en vient à nostre science. Nous nous escriïons du miracle de l'invention de nostre artillerie, de nostre impression[84] ; d'autres hommes, un autre bout du monde à la Chine, en jouyssoit mille ans auparavant[85]. Si nous voyons autant du monde, comme nous n'en voyons pas, nous apercevrions comme il est à croire, une perpetuele *multiplication et*[bj] vicissitude de formes. Il n'y a rien de seul et de rare eu esgard à nature, ouy bien eu esgard à nostre cognoissance, qui est un miserable fondement de nos regles et qui nous represente volontiers une tres-fauce image des choses. Comme vainement nous concluons aujourd'hui l'inclination[86] et la decrepitude du monde par les arguments que nous tirons de nostre propre foiblesse et decadence,

> Iamque adeo affecta est aetas, affectaque tellus[87] :
>
> [« Déjà, du reste, notre époque est touchée, et la terre touchée »].

ainsi vainement concluoit *cettuy-là*[bk], sa naissance et jeunesse, par la vigueur qu'il voyoit aux espris de son temps, abondans en nouvelletez et inventions de divers arts[88] :

---

82 Cicéron, *De natura deorum*, I, XX, 54.
83 En comparaison de.
84 Notre imprimerie.
85 Écho des relations de voyage sur la Chine, comme la *Historia de las cosas notables del gran reyno de la China* de Juan Gonçalez de Mendoza.
86 Le déclin.
87 Lucrèce, *De natura rerum*, II, 1150.
88 Lucrèce, que Montaigne va encore citer, pour le mettre en contradiction avec lui-même.

Verum, ut opinor, habet novitatem summa, recénsque
Natura est mundi, neque pridem exordia coepit :
Quare etiam quaedam nunc artes expoliuntur,
Nunc etiam augescunt, nunc addita navigiis sunt
Multa[89].

[« Mais, comme je pense, l'univers est dans sa nouveauté, le monde est récent
et a pris naissance il n'y a guère. Voilà pourquoi aujourd'hui encore certains arts se perfectionnent
et qu'aujourd'hui encore ils se développent ; aujourd'hui beaucoup d'améliorations
sont venues s'ajouter aux navires »].

Nostre monde vient d'en trouver un autre (et qui nous respond si c'est le dernier de ses freres, puis que les Daemons, les Sybilles[90] et nous, avons ignoré cettuy-cy jusqu'asture[91] ?) non moins grand, plain et membru que luy, toutesfois si nouveau et si enfant, qu'on luy aprend encore son a, b, c : il n'y a pas cinquante ans qu'il ne sçavoit ny lettres, ny pois, ny mesure, ny vestements, ny bleds, ny vignes[92]. Il estoit encore tout nud, au giron, et ne vivoit que des moyens de sa mere nourrice. Si nous concluons bien de nostre fin, et ce poete de la jeunesse de son siecle, [909] cet autre monde ne faira qu'entrer en lumiere quand le nostre en sortira. L'univers tombera en paralisie[93] : l'un membre sera perclus, l'autre en vigueur. Bien crains-je que nous aurons bien fort hasté sa declinaison[94] et sa ruyne par

89 Lucrèce, *De rerum natura*, V, 330-334.

90 Ces voix autorisées, ou du moins prétendues telles, sont celles des Démons, au sens de Platon, et des Sibylles, censées avoir annoncé la venue du Christ, et auxquelles on attribuait les *Livres sibyllins*, apocryphe des premiers siècles du christianisme. L'ironie de Montaigne est patente.

91 L'incise de Montaigne ouvre l'éventualité de la pluralité des mondes, qui fera fortune dès l'époque de Fontenelle, *Entretiens sur la pluralité des mondes*, 1686.

92 Montaigne retrouve la « formule négative », qu'il avait déjà exploitée dans « Des Cannibales » (I, 31, 206) : « C'est une nation, dirois je à Platon, en laquelle il n'y a aucune espece de trafique : nulle cognoissance de lettres : nulle science de nombres : nul nom de magistrat, ny de superiorité politique : nul usage de service, de richesse ou de pauvreté : nuls contrats : nulles successions : nuls partages : nulles occupations qu'oysives… ».

93 *Paralysie* au sens médical : « relaxation ou mollification des nerfs, avec privation du sentiment ou mouvement, non de tout le corps, mais d'un côté, dextre ou senestre » (Ambroise Paré, *Œuvres complètes*, VII, XII, cité par Jean Céard).

94 Son déclin.

nostre contagion[95], et que nous luy aurons bien cher vendu nos opinions et nos arts. C'estoit un monde enfant ; si ne l'avons nous pas foité et soubmis à nostre discipline par l'avantage de nostre valeur et forces naturelles, ny ne l'avons practiqué par nostre justice et bonté, ny subjugué par nostre magnanimité. La plus part de leurs responces et des negotiations faictes avec eux tesmoignent qu'ils ne nous devoyent rien en clarté d'esprit naturelle et en pertinence. L'espouventable magnificence des villes de Cusco et de Mexico[96], et entre plusieurs choses pareilles, le jardin de ce Roy, où tous les arbres, les fruicts, et toutes les herbes, selon l'ordre et grandeur qu'ils ont[bl] en un jardin[bm], estoyent excellemment formez en or ; comme, en son cabinet, tous les animaux qui naissoient en son estat et en ses mers ; et la beauté de leurs ouvrages en pierrerie, en plume, en cotton, en la peinture, montrent qu'ils ne nous *cedoient*[bn] non plus en l'industrie. Mais, quant à la devotion, observance des loix, bonté, liberalité, loyauté, franchise, il nous a bien servy de n'en avoir pas tant qu'eux : ils se sont perdus par cet advantage, et vendus, et trahis eux mesme. Quant à la hardiesse et courage, quant à la fermeté, constance, resolution contre les douleurs et la faim et la mort, je ne craindrois pas d'opposer les exemples que je trouverois parmy eux aux plus *fameux*[bo] exemples anciens, que nous ayons aus memoires de nostre monde par deçà. Car, pour ceux qui les ont subjuguez, qu'ils ostent les ruses et batelages[97] dequoy ils se sont servis à les piper, et le juste estonnement qu'aportoit à ces nations là de voir arriver si inopinéement des gens barbus, divers en langage, religion, en forme et en contenance, d'un endroict du monde si esloigné et où ils n'avoyent jamais imaginé[bp] qu'il y eust habitation quelconque, montez sur des grands monstres incogneuz, contre ceux qui n'avoyent non seulement jamais veu de cheval, mais beste quelconque duicte[98] à porter et soustenir homme ny autre charge ; garnis d'une peau

95 Notre contact.

96 Cuzco, capitale de l'empire inca ; Mexico, capitale de l'empire aztèque.

97 Tours dignes d'un bateleur.

98 *Duite*, du latin *ducere* : entraînée, dressée.

luysante et dure et d'une arme trenchante et resplendissante, contre ceux qui, pour le miracle de la lueur d'un miroir ou d'un cousteau, alloyent eschangeant une grande richesse en or et en perles, et qui n'avoient ny science ny matiere par où tout à loisir ils sçeussent percer nostre acier ; adjoustez y les foudres et tonnerres de nos pieces et harquebouses, capables de troubler Caesar mesme, qui l'en eust surpris autant inexperimenté : et à cett'heure, contre des peuples nuds, si ce n'est où l'invention estoit arrivée de quelque tissu de cotton, sans autres armes pour le plus, que d'arcs, pierres, bastons, *et boucliers* [910] *de bois*[bq] : des peuples surpris, soubs couleur d'amitié et de bonne foy, par la curiosité de veoir des choses estrangeres et incogneues : contez, dis-je[br], aux conquerans cette disparité, vous leur ostez toute l'occasion de tant de victoires. Quand je regarde cete[bs] ardeur indomptable, dequoy tant de milliers d'hommes, femmes et enfans, se presentent et rejettent à tant de fois aux dangers inevitables, pour la deffence de leurs dieux et de leur liberté ; céte genereuse obstination de souffrir toutes extremitez et difficultez, et la mort, plus volontiers que de se soubmettre à la domination de ceux de qui ils ont esté si honteusement abusez, et aucuns[99] choisissans plustost de se laisser defaillir par faim et par jeusne, estans pris, que d'accepter le vivre des mains de leurs ennemis, si vilement victorieuses, je prevois que, à qui les eust attaquez pair à pair[100], et d'armes, et d'experience, et de nombre, il y eust faict *aussi*[bt] dangereux, et plus, qu'en autre guerre que nous voyons.

Que n'est tombée soubs Alexandre, ou soubs ces anciens Grecs et Romains, une si noble conqueste, et une si grande mutation et alteration de tant d'empires et de peuples, soubs des mains qui eussent doucement poly et defriché ce qu'il y avoit de sauvage, et eussent conforté et promeu les bonnes semences que nature y avoit produit, meslant non seulement à la culture des terres, et ornement des villes, les arts de deçà, en tant qu'elles[101] y eussent esté necessaires, mais aussi meslant les vertus Grecques

99 Certains.

100 D'égal à égal.

101 Le mot « arts » est du féminin, conformément à l'étymologie latine.

et Romaines aux originelles du pays. Quelle reparation eust-ce esté, et quel amendement à toute cette machine, que les premiers exemples et deportemens[102] nostres qui se sont presentez par delà eussent appelé ces peuples à l'admiration et imitation de la vertu et eussent dressé entre eux et nous une fraternele societé et intelligence ! Combien il eust esté aisé de faire son profit d'ames si neuves, si affamées d'apprentissage, ayant pour la plus part de si beaux commencemens naturels. Au rebours, nous nous sommes servis de leur ignorance et inexperience à les plier plus facilement vers la trahison, luxure, avarice et vers toute sorte d'inhumanité et de cruauté, à l'exemple et patron de nos meurs. Qui mit jamais à tel pris le service de la mercadence[103] et de la trafique ? Tant de villes rasées, tant de nations exterminées, tant de millions de peuples passez au fil de l'espée, et la plus riche et belle partie du monde bouleversée pour la negotiation des perles et du poivre : mechaniques victoires[104]. Jamais l'ambition, jamais les inimitiez publiques ne pousserent les hommes les uns contre les autres à si horribles hostilitez et calamitez si miserables.

En costoyant la mer à la queste de leurs mines, aucuns Espagnols prindrent terre en une contrée fertile et plaisante, fort habitée, et firent [911] à ce peuple leurs remonstrances accoustumées[105] : Qu'ils estoient gens paisibles, venans de loingtains voyages, envoyez de la part du Roy de Castille, le plus grand Prince de la terre habitable, auquel le Pape, representant Dieu en terre[106], avoit donné la principauté de toutes les Indes ; Que s'ils vouloient luy estre tributaires, ils seroient tres-benignement traictez ; leur demandoient des vivres pour leur nourriture, et de l'or pour le besoing de quelque medecine ; leur remontroient

102 Comportements. Les « déportements nôtres » sont « nos comportements ».

103 La *mercadence* est le commerce.

104 *Mechaniques victoires* : viles victoires ! Au sens propre : dignes de travailleurs manuels. « Mechaniques » est l'antonyme de « nobles ».

105 Ces remontrances accoutumées sont le rite juridique du *requerimiento* : devant notaire, les Indiens sont censés se soumettre au roi d'Espagne et à la religion catholique.

106 « Dieu en terre » : définition du Pape selon le droit canon. Rabelais en a fait la satire dans l'épisode des Papimanes, *Le Quart Livre de Pantagruel*, ch. XLVIII, *Œuvres complètes*, éd. Mireille Huchon, Paris, Gallimard, « Bibliothèque de la Pléiade », 1994, p. 650.

au demeurant la creance d'un seul Dieu et la verité de nostre religion, laquelle ils leur conseilloient d'accepter, y adjoustans quelques menasses. La responce fut telle : Que quand à estre paisibles, ils n'en portoient pas la mine, s'ils l'estoient ; Quand à leur Roy, puis qu'il demandoit, il devoit estre indigent et necessiteux ; et celuy qui luy avoit faict cette distribution, homme aymant dissention, d'aller donner à un tiers chose qui n'estoit pas sienne, pour le mettre en debat contre les anciens possesseurs ; Quant aux vivres, qu'ils leur en fourniroient ; d'or, ils en avoient peu, et que c'estoit chose qu'ils mettoient en *null'*[bu] estime, d'autant qu'elle estoit inutile au service de leur vie, là où tout leur soin regardoit seulement à la passer heureusement et plaisamment ; pourtant ce qu'ils en pourroient trouver, sauf ce qui estoit employé au service de leurs dieux, qu'ils le prinssent hardiment. Quant à un seul Dieu, le discours leur en avoit pleu, mais qu'ils ne vouloient changer leur religion, s'en estans si utilement servis si long temps, et qu'ils n'avoient accoustumé prendre conseil que de leurs amis et connoissans ; Quant aux menasses, c'estoit signe de faute de jugement d'aller menassant ceux desquels la nature et les moyens estoient inconneux. Ainsi[bv] qu'ils se despeschassent promptement de vuyder leur terre, car ils n'estoient pas accoustumez de prendre en bonne part les honnestetez et remonstrances de gens armez et estrangers ; autrement, qu'on feroit d'eux comme de ces autres, leur montrant les testes d'aucuns hommes justiciez autour de leur ville[107]. Voilà un exemple de la balbucie de cette enfance[108]. Mais tant y a que ny en ce lieu là ny en plusieurs autres, où les Espagnols ne trouverent les marchandises qu'ils cerchoient, ils ne feirent arrest ny entreprise, quelque autre commodité qu'il y eust, tesmoing mes Cannibales[109].

Des deux les plus puissans monarques de ce monde là, et, à l'avanture[110], de cettuy-cy, Roys de tant de Roys, les derniers qu'ils

107 Cette page est tirée de Francisco Lopez de Gomara, *Histoire générale des Indes*, trad. Martin Fumée, Paris, M. Sonnius, 1568, III, 19 : « Zenu ». Le découpage qu'opère Montaigne, la privant de conclusion, lui donne un tout autre sens.

108 « Voilà un exemple du balbutiement de ces prétendus enfants ». Montaigne s'amuse.

109 Renvoi au ch. I, 31, « Des Cannibales », p. 202-214.

110 Peut-être.

en chasserent, celuy du Peru[111], ayant esté pris en une bataille et mis à une rançon si excessifve qu'elle surpasse toute creance, et celle là fidellement payée, et avoir donné par sa conversation signe d'un courage franc[112], liberal et constant, et d'un entendement net et bien composé, il print envie aux vainqueurs, apres en avoir tiré un million trois cens vingt cinq mille cinq [912] cens poisant d'or, outre l'argent et autres choses qui ne monterent pas moins, si que leurs chevaux n'alloient plus ferrez que d'or massif, de voir encores, au pris de quelque desloyauté que ce fut, quel pouvoit estre le reste des thresors de ce Roy, *et jouir librement de ce qu'il avoit reservé*[bw]. On luy apposta[113][bx] une fauce accusation et preuve, qu'il desseignoit[114] de faire souslever ses provinces pour se remettre en liberté. Sur-quoy, par beau jugement de ceux mesme qui luy avoient dressé cette trahison, on le condemna à estre pendu et estranglé publiquement, luy ayant faict racheter le tourment d'estre bruslé tout vif par le baptesme qu'on luy donna au supplice mesme[115]. Accident horrible et inouy, qu'il souffrit pourtant sans se démentir ny de contenance ny de parole, d'une forme et gravité vrayement royalle. Et puis, pour endormir les peuples estonnez et transis de chose si estrange, on contrefit un grand deuil de sa mort, et luy ordonna l'on des somptueuses funerailles.

L'autre, Roy de Mexico[116], ayant long temps defendu sa ville assiegée et montré en ce siege tout ce que peut et la souffrance et la perseverance, si onques[117] prince et peuple le montra, et son malheur l'ayant rendu vif entre les mains des ennemis, avec capitulation d'estre traité en Roy (aussi ne leur fit-il rien voir, en la prison, indigne de ce tiltre) ; ne trouvant poinct

---

111 L'Inca Atahualpa, fait prisonnier par Pizarre au soir de la bataille de Cajamarca, dont il sera à nouveau question dans les toutes dernières lignes du chapitre.

112 Et après avoir donné par sa fréquentation signe d'un cœur franc.

113 On lui machina.

114 Avait dessein.

115 F. Lopez de Gomara, *Histoire générale des Indes*, V, 11, f. 320 v°. Malgré la parole donnée, Atahualpa fut étranglé, après avoir reçu le baptême, le 29 août 1533.

116 Cuauhtémoc, successeur de Moctézuma et dernier empereur aztèque, capturé par Hernan Cortés à l'issue du siège de Mexico en août 1521, puis soumis à la question pour lui faire avouer où il avait caché son or. Cortés le fit pendre trois ans plus tard, en 1524.

117 Si jamais.

apres cette victoire tout l'or qu'ils s'estoient promis, apres avoir tout[by] remué et tout fouillé, se mirent[bz] à en cercher des nouvelles par les plus aspres geines[118] dequoy ils se peurent adviser, sur les prisonniers qu'ils tenoient. Mais, n'ayant rien profité[ca], trouvant des courages plus forts que leurs torments, ils en vindrent en fin à telle rage que, contre leur foy et contre tout droit des gens, ils condamnerent le Roy mesme et l'un des principaux seigneurs de sa court à la geine en presence l'un de l'autre. Ce seigneur se trouvant forcé de la douleur, environné de braziers ardens, tourna sur la fin piteusement sa veue vers son maistre, comme pour luy demander merci de ce qu'il n'en pouvoit plus[cb]. Le Roy, plantant fierement et rigoureusement les yeux sur luy, pour reproche de sa lascheté et pusillanimité, luy dict seulement ces mots, d'une voix rude et ferme : Et moy, suis-je dans un bain ? suis-je pas plus à mon aise que toy ? Celuy-là, soudain apres, succomba aux douleurs et mourut sur la place. Le Roy, à demy rosty, fut emporté de là, non tant par pitié (car quelle pitié toucha jamais des ames qui, pour la doubteuse information de quelque vase d'or à piller, fissent griller devant leurs yeux un homme, non qu'un Roy[119], si grand et en fortune et en merite), mais ce fut que sa constance rendoit de plus en plus *honteuse*[cc] leur cruauté. Ils le pendirent depuis, ayant courageusement entrepris de se delivrer par armes d'une si longue captivité et subjection, où il fit sa fin digne d'un magnanime prince.

[913] A une autrefois, ils mirent brusler pour un coup, en mesme feu, quatre cens soixante hommes tous vifs, les quatre cens du commun peuple, les soixante des principaux seigneurs d'une province, prisonniers de guerre simplement[120]. Nous tenons d'eux-mesmes ces narrations, car ils ne les advouent pas seulement, ils *s'en ventent et* les preschent[cd]. Seroit-ce pour

---

118 Tortures.

119 Et, bien plus, un roi.

120 D'après Gomara, *Histoire générale des Indes*, II, LXI, ou Bartolomé de Las Casas, *Très brève relation de la destruction des Indes*, 1552, traduite par le protestant Jacques de Miggrode en 1579. On consultera la réédition de ce texte par Alain Milhou et Jean-Paul Duviols, accompagnée des gravures de Théodore de Bry, *La Destruction des Indes*, Paris, Éditions Chandeigne, 1995.

tesmoignage de leur justice ou zele envers la religion ? Certes ce sont voyes trop diverses, et ennemies d'une si saincte fin. S'ils se fussent proposés d'estendre nostre foy, ils eussent consideré que ce n'est pas en possession de terres qu'elle s'amplifie, mais en possession d'hommes, et se fussent *trop* contentez[ce] des meurtres que la necessité de la guerre apporte, sans y mesler indifferemment une boucherie, comme sur des bestes sauvages, universelle, autant que le fer et le feu y ont peu attaindre, n'en ayant conservé[cf] par leur dessein qu'autant qu'ils en ont voulu faire de miserables esclaves pour l'ouvrage et service de leurs minieres[121] : si que plusieurs des chefs ont esté punis à mort, sur les lieux de leur conqueste, par ordonnance des Rois *de Castille*[122 cg], justement offencez de l'horreur de leurs deportemens[123], et quasi tous desestimez et mal-voulus[124]. Dieu[125] a meritoirement permis que ces grands pillages se soient absorbez par la mer en les transportant, ou par les guerres intestines dequoy ils se sont entremangez entre eux, et la plus part s'enterrerent sur les lieux, sans aucun fruict de leur victoire. Quant à ce que la recepte, et entre les mains d'un prince mesnager et prudent[126], respond si peu à l'esperance qu'on en donna à ses predecesseurs, et à cette premiere abondance de richesses qu'on rencontra à l'abord de ces nouvelles terres (car, encore qu'on en retire beaucoup, nous voyons que ce n'est rien au pris de ce qui s'en devoit attendre), c'est que l'usage de la monnoye estoit entierement inconneu, et que par consequent leur or se trouva tout assemblé, n'estant en autre service que de montre et de parade, comme un meuble reservé de pere en fils par plusieurs puissants Roys, qui espuisoient toujours leurs mines pour faire ce grand monceau de vases et statues à l'ornement de leurs palais et de leurs temples, au lieu que nostre or est

121 Leurs mines (d'or et d'argent).

122 Des conquistadors furent jugés et exécutés, dont les Diego de Almagro père et fils, et Gonzalo Pizarro. François Pizarro fut lui-même tué par Almagro fils.

123 Comportements.

124 Détestés.

125 Seconde occurrence du nom de Dieu dans ce chapitre américain des *Essais*.

126 Philippe II d'Espagne, qui régna presque un demi-siècle, de 1556 à sa mort en 1598, fut surnommé « El Prudente », le Prudent.

tout en emploite[127] et en commerce. Nous le menuisons[128] et alterons en mille formes, l'espandons et dispersons. Imaginons que nos Roys amoncelassent ainsi tout l'or qu'ils pourroient trouver en plusieurs siecles, et le gardassent immobile.

Ceux du Royaume de Mexico estoient aucunement plus civilisez et plus artistes que n'estoient les autres nations de là. Aussi jugeoient-ils, ainsi que nous, que l'univers fut proche de sa fin, et en prindrent pour [914] signe la desolation que nous y apportames. Ils croyoyent que l'estre du monde se depart[129] en cinq aages et en la vie de cinq soleils consecutifs, desquels les quatre avoient desjà fourny leur temps, et que celuy qui leur esclairoit estoit le cinquiesme. Le premier perit avec toutes les autres creatures par universelle inondation d'eaux ; le second, par la cheute du ciel sur nous, qui estouffa toute chose vivante, auquel aage ils assignent les geants[130], et en firent voir aux Espagnols des ossements, à la proportion desquels la stature des hommes revenoit à vingt paumes[131] de hauteur ; le troisiesme, par feu qui embrasa et consuma tout ; le quatriesme, par une émotion[132] d'air et de vent qui abbatit jusques à plusieurs montaignes : les hommes n'en moururent poinct, mais ils furent changez en magots[133] (quelles impressions ne souffre la lacheté de l'humaine creance !) ; apres la mort de ce quatriesme Soleil, le monde fut vingt-cinq ans en perpetuelles tenebres, au quinziesme desquels fut creé un homme et une femme qui refeirent l'humaine race ; dix ans apres, à certain de leurs jours, le Soleil parut nouvellement creé ; et commence, depuis, le compte de leurs années par ce jour là. Le troisiesme jour de sa creation, moururent les Dieux anciens ; les nouveaux sont nays depuis, du jour à la journée. Ce qu'ils estiment de la maniere que ce dernier Soleil

127 En « emploi », en usage, c'est-à-dire en monnaie.

128 Nous le coupons menu.

129 Se répartit.

130 D'après la Bible on estimait qu'il y avait eu des géants, dont certains avaient peut-être survécu au Déluge.

131 La paume est une mesure qui consiste dans la hauteur d'un poing fermé.

132 Agitation.

133 Les *magots* sont des singes à queue.

perira, mon autheur n'en a rien appris. Mais leur nombre de ce quatriesme changement rencontre à cette grande conjonction des astres qui produisit, il y a huict cens tant d'ans, selon que les Astrologiens[134] estiment, plusieurs grandes alterations et nouvelletez au monde.

Quant à la pompe et magnificence, par où je suis entré en ce propos, ny Graece, ny Romme, ny Ægypte ne peut, soit en utilité, ou difficulté, ou noblesse, comparer aucun de ses ouvrages au chemin qui se voit au Peru[135], dressé par les Roys du pays, depuis la ville de Quito jusques à celle de Cusco (il y a trois cens lieues), droict, uny, large de vingt-cinq pas, pavé, *revestu*[ch] de costé et d'autre, de belles et hautes murailles, et le long d'icelles par le dedans, deux ruisseaux perennes, bordez de beaux arbres qu'ils nomment molly. Où ils ont trouvé des montaignes et rochers, ils les ont taillez et applanis, et comblé les fondrieres de pierre et chaux. Au chef de chasque journée[136], il y a de beaux palais fournis de vivres, de vestements et d'armes, tant pour les voyageurs que pour les armées qui ont à y passer. En l'estimation de cet ouvrage, j'ay compté la difficulté, qui est particulierement considerable en ce lieu là. Ils ne bastissoient poinct de moindres pierres que de dix pieds en carré ; ils n'avoient autre moyen de charrier qu'à force de bras, en trainant leur charge ; et pas seulement l'art d'eschafauder, n'y sçachant autre finesse que de hausser autant de terre contre leur bastiment, comme il s'esleve, pour l'oster apres.

[915] Retombons à nos coches. En leur place, et de toute autre voiture, ils se faisoient porter par les hommes, et sur leurs espaules[ci]. Ce dernier Roy du Peru, le jour qu'il fut pris, estoit ainsi porté sur des brancars d'or, et assis dans une cheze d'or, au milieu de sa bataille[137]. Autant qu'on tuoit de ces porteurs

---

134 Les astrologues. La « grande conjonction » des astres est celle de Jupiter et de Saturne au début du Bélier. Elle se reproduit tous les 795 ans. Elle eut lieu par exemple en 1583.

135 Ce chemin ou cette route pavée de l'Inca subsiste encore partiellement, notamment près de Machu Picchu. D'après Gomara, *Histoire générale des Indes*, II, LXXXVI.

136 Au bout de chaque étape. Ce chemin est évidemment pédestre.

137 L'entrée d'Atahualpa à Cajamarca le 16 novembre 1532 et sa capture par François Pizarro sont représentées par Théodore de Bry dans l'*Americae pars sexta*, Francfort, 1596, pl. 6 et 7. Voir *Le Huguenot et le sauvage*, p. 384-385.

pour le faire choir à bas, car on le vouloit prendre vif, autant d'autres, et à l'envy[138], prenoient la place des morts, de façon qu'on ne le peut onques abbatre, quelque meurtre qu'on fit de ces gens là, jusques à ce qu'un homme de cheval l'alla saisir au corps, et l'*avala* par terre[139][cj].

---

138 *À l'envy* : à qui mieux mieux.
139 *L'avalla* : le précipita par terre, « à val ».

VARIANTES SIGNIFICATIVES

a 88 : quelque rencontre ou quelque
b 95 : pour voir
c 95 : esternuent
d 95 : esternuement
e 88 : &
f 95 : bestes, specialement aux pourceaux
g 88 : sans apprehension
h *EB*, addition : comme a cet antien : pejus vexabar quam ut periculum mihi succurreret :
i 95 : qui m'ait troublé
j *EB*, addition : sinon sans creinte toutesfois
k 88 : &
l 88 : je le trouvay (faict-il
m *EB*, addition : Quo timoris minus est, eo minus ferme periculi est.
n 88 : de dire : que celuy-là
o 95 : ressoudre
p *EB*, addition : ressouder et
q *EB*, addition : Epicurus dict que le sage ne peut jamais passer à un estat contraire. J'ay quelque opinion de l'envers de cette sentence que [jamais fol ne devient sage] qui aura esté une fois bien fol ne sera [pourautant] nulle autre fois bien sage.
r 95 : Dieu me donne
s 88 : m'ayant peu garny
t 88 : m'a garny
u 88 : qu'on nous tous, corrigé en touë
v 88 : pourvoier
w 95 : ou descochoient lesdits coches dans leurs escadrons
x 95 : Comme si leur neantise n'estoit assez cognue à meilleures enseignes, les derniers Roys
y 95 : par paìs en un chariot mené de
z *EB*, addition : Si j'en avoy la memoire suffisamment informée, je ne pleinderois mon temps à dire icy l'infinie varieté que les histoires nous presantent de l'usage des coches au service de la guerre [selon les nations et selon les siecles], divers selon les nations, selon les siecles, de grand effaict, ce me semble, et necessité. Si que c'est merveille que nous en aions perdu toute connoissance. J'en diray seulement cecy que tout freschement, du temps de nos peres, les Hongres les mirent tresutillement en besonigne contre les Turcs : en chacun y ayant un rondellier et un mosquetere, [a tout une bone quantité] et nombre de harquebouses rengées, prestes et chargées : le tout couvert d'une pavesade à la mode d'une galliotte. Ils fesoient front à [la] leur bataille de trois mille tels coches, et, apres que le canon avoit joué, les faisoient tirer avant et avaler aux enemis cette salve avant que de taster le reste : qui n'estoit pas un legier avancemant : Ou les descochoit dans leurs

escadrons pour les rompre & y faire jour, outre le secours qu'ils en pouvoient tirer pour flanquer en lieu chatouilleux les troupes marchant en la campaigne, ou à couvrir un logis à la haste et le fortifier. De mon temps un Gentilhomme, en l'une de nos frontieres, impost de sa persone et ne trouvant cheval capable de son pois, aïant une querelle, marchoit par païs en coche [en] de mesmes cete peinture, et s'en trouvoit tres-bien. Mais laissons ces coches guerriers [pour un' autre fois]. Les Roys de nostre premiere race marchoient en païs sur un charriot trainé par quatre bœufs.

aa 88 : trainer

ab *EB*, variante biffée : Firmus attela à son coche des autruches

ac *EB*, addition : Le conseil qu'Isocrates donne à son Roy ne me semble sans raison : Qu'il soit splendide en meubles et ustensiles, d'autant que c'est une despanse de durée qui passe jusques à ses successeurs Et qu'il fuie toutes magnificences qui s'escoulent incontinant et de l'usage et de la memoire.

ad 95 : Theophrastus, qui establit

ae 95 : et maintient

af 95 : de sa souvenance

ag 95 : lairra

ah 95 : à long temps

ai 95 : l'espoir avant mourir

aj *EB*, addition : Et a lon raison d'accuser Theophrastus d'avoir establi, en son livre des richesses, un advis contraire, et [telle] maintenu telle nature de despence estre le vray fruit de l'opulence. Ce sont plaisirs dict Aristote qui ne touchent que la plus basse commune, qui s'evanouissent de memoire [se pert] aussi tost qu'on en est rassasié et desquels nul home judicieux et grave ne peut faire estime. [...] L'emploitte me sembleroit bien plus [...] Royalle come plus utille, juste et durable en ports, en havres, fortifications et murs, en bastimens somptueux, en eglises, hospitaux, collieges, reformation de rues et chemins : en quoi le pape Gregoire tresiesme a laissé sa memoire recommandable de mon temps, et en quoi nostre Roine Katherine tesmoigneroit à longues années sa liberalité naturelle et munificence, si ses moiens suffisoient à son affection. La Fortune m'a faict grand desplesir d'interrompre la belle structure du [beau/nostre] Pont neuf de nostre grande ville et m'oster l'espoir avant de mourir d'en veoir en trein l'usage.
95 : en train le service

ak *EB*, variante : qu'il semble

al 95 : en main souveraine

am *EB*, addition : La jurisdiction ne se donne point en faveur du juridiciant, c'est en faveur du juridicié. On faict un superieur, non jamais pour son profit, ains pour le profit de l'inferieur, et un medecin pour le malade, non pour soy. Toute magistrature, come toute art, jette sa fin hors d'elle : « nulla ars in se versatur ».

an *EB*, variante biffée : en usage

ao *EB*, addition : Et son estimation se reglant non à la mesure du present, mais à la mesure des moiens de celuy qui l'exerce, elle vient à estre vaine en mains si puissantes. Ils se treuvent prodigues, avant qu'ils soient liberaux.

ap *EB*, variante biffée : Je leur

aq *EB*, addition : il faut espandre le grain, non pas le respandre

ar *EB*, variante : à leur rolle

as *EB*, addition en marge : Quo in plures usus sis, minus in multos uti possis. Quid autem est stultius quam quod libenter facias, curare ut id diutius facere non possis. Et

at *EB*, variante biffée : bouffons, maquereaux, menestriers, & telle racaille d'hommes

au 95 : s'ils montrent

av 95 : celuy duquel
aw 95 : et se r'allient
ax *EB*, variante : de la liberalité
ay 95 : après sur les subjects
az 95 : Sur quoy Cyrus
ba *EB*, addition : Comant assouviroit il des envies qui croissent à mesure qu'elles se ramplissent ? Qui a sa pensée à prandre, ne l'a plus à ce qu'il a prins. La convoitise [est de soi tousjours ingrate] n'a rien si propre que d'estre ingrate. L'example de Cyrus ne duira pas mal en ce lieu pour servir aux Roys de ce temps de touche à reconoistre leurs dons, bien ou mal employez, et leur faire veoir combien cet Empereur les assenoit plus heureusement qu'ils ne font. Par où ils sont reduits de faire leurs emprunts sur les subjetz inconus et plus tost sur ceus à qui ils ont faict du mal, que sur ceus à qui ils ont faict du bien ; et n'en reçoivent aides où il y aïe rien de gratuit que le nom. Crœsus luy reprochoit sa largesse, et calculoit à combien se monteroit son thresor, s'il eust eu les mains plus restreintes. Il eut envie de justifier sa liberalité : et, despeschant de toutes parts vers les grands de son estat, qu'il avoit particulierement avancez, pria chacun de le secourir d'autant d'argent qu'il pourroit, à une sienne necessité, et le luy envoier par [registre, declation] declaration. Quand tous ces bordereaus luy furent aportes, chacun de ses amis n'estimant pas que ce fut assez faire de luy en offrir autant seulement qu'il en avoit receu de sa munificence, y en meslant du sien plus propre beaucoup, il se trouva que cette somme se montoit bien plus que l'espargne de Crœsus. Sur quoy luy dict Cyrus : Je ne suis pas moins amoureux des richesses que les autres Princes, et en suis plus tost plus mesnagier. Vous voyez à combien peu de mise j'ay acquis le thresor inestimable de tant d'amis ; et combien ils me sont plus fideles thresoriers que ne seroient des homes mercenaires sans obligation, sans affection : et ma chevance mieux logée qu'en des coffres, appellant sur moy la haine, l'envie et le mespris des autres princes.
bb *EB*, variante biffée : prenoyent
bc *EB*, addition : principalement
bd *EB*, addition : « Pecuniarum translatio a justis dominis ad alienos non debet liberalis videri ». [...] Philippus, de ce que son fils essaioit par presents de gaigner la volonté des Macedoniens, l'en tança par une lettre en cette maniere : Quoy ? as tu envie que tes subjects te tiennent pour leur boursier, non pour leur [maistre] Roy ? Veux tu les prattiquer ? prattique les des bien-faicts de ta vertu, non des bien-faicts de ton coffre.
be *EB*, variante : rendu
bf *EB*, variante : grande
bg *EB*, variante : effort : il est vray-semblable que nous
bh *EB*, variante : n'allons ny en avant ny à reculons, mais roulant plustost tournoyant et changeant. 95 : et tournevirons çà et là
bi *EB*, addition : Et la narration de Solon, sur ce qu'il avoit apprins des prestres d'AEgypte de la longue vie de leur estat et maniere d'apprandre et conserver les histoires estrangieres, ne me semble tesmoignage de refus en cete consideration. « Si interminatam in omnes partes magnitudinem regionum videremus et temporum, in quam se injiciens animus et intendens ita late longeque peregrinatur, ut nullam oram ultimi videat in qua possit insistere : in hac immensitate infinita vis innumerabilium appareret formarum ».
bj *EB*, addition : multiplication et
bk *EB*, variante : cet autre
bl *EB*, variante : qu'ils sont
bm *EB*, variante : jardin naturel
bn *EB*, variante : devoyent

bo *EB*, variante : nobles
bp 95 : ils n'avoient jamais sceu
bq *EB*, addition : et boucliers de bois
br 95 : ostez, dis-je
bs *EB*, variante : à cete / 95 : à cette
bt *EB*, variante : autant
bu *EB*, variante : en peu d'
bv *EB*, variante : Ainsin
bw *EB*, addition : et jouir librement de ce qu'il avoit reservé. / 95 : reserré.
bx *EB*, variante : On luy appresta
by 95 : quand ils eurent tout
bz 95 : ils se mirent
ca 95 : pour n'avoir rien profité
cb *EB*, variante : demander congé, de dire ce qu'il en sçavoit, pour se redimer [EB, variante biffée : racheter] de cette peine insupportable :
cc *EB*, variante : vaine
cd *EB*, variante : ils les preschent et publient.
ce *EB*, variante : et se fussent contentez
cf *EB*, variante : n'en ayant, ce semble, conservé
cg *EB*, variante : d'Espaigne
ch *EB*, variante : garny
ci 95 : et sur les espaules
cj *EB*, variante : & le porta par terre.

COMMENTAIRE

DES COCHES AUX CAUSES [L. 1-106]

MAL DE MER OU DE RIVIÈRE [L. 1-88]

Le chapitre commence par une sorte de jeu de mots. « Des coches », annonce le titre, et la première phrase du chapitre enchaîne sur les *causes*. Des coches aux causes : « Il est bien aisé à verifier que les grands autheurs, escrivant des causes, ne se servent pas seulement de celles qu'ils estiment estre vraies, mais de celles encores qu'ils ne croient pas, pourveu qu'elles ayent quelque invention et beauté » (l. 1-4).

Des coches ou des causes ? se demandera-t-on. Rien de plus naturel que de commencer un chapitre par les causes, surtout quand ce chapitre est consacré aux coches, et que se produit une sorte de carambolage des coches aux causes ! Mais voilà que ces causes sont trompeuses, et nous égarent. Ces causes, le plus souvent, sont tout simplement fausses. Il n'est que de les entasser, de les placer les unes sur les autres. Il se trouvera toujours, dans le tas, « par rencontre », nous dit Montaigne, c'est-à-dire par hasard, la maîtresse cause, mais cela n'est même pas sûr. C'est ce que Lucrèce suggère prudemment au livre VI de *La Nature*, dans deux vers latins que cite Montaigne. La citation, d'ordinaire, sert à « autoriser » le discours que l'on tient sur tel ou tel sujet. Ici elle jette le doute : « Ce n'est assez de signaler une seule cause ; il faut en dire plusieurs, bien qu'une seule soit la bonne[1] ».

Surgit une question incidente, à vrai dire une illustration du propos général : d'où vient cette coutume de bénir ceux qui éternuent ? « Ceux qui estrenuent », écrit plus exactement Montaigne, permettant l'équivoque, comme l'a suggéré Tom Conley : éternuer ou être nu(e)[2] ? Il y a de quoi presque s'étrangler.

1 Lucrèce, *De rerum natura*, VI, 704.
2 Tom Conley, *The Self-Made Map*, *op. cit.*, p. 275.

La réponse montre l'absurdité du raisonnement, et par conséquent la vacuité de la cause. Des trois vents que l'on produit, l'un, « qui sort par en bas » est trop sale ; le second, qui sort par la bouche, « porte quelque reproche de gourmandise » ; le troisième est l'éternuement, et parce qu'il vient de la tête et est sans blâme, il mérite cet honnête accueil. Cette disposition en trois, trois propositions et trois étages du corps, assimile ce raisonnement à un syllogisme : majeure, mineure et conclusion. « Montaigne aime les triades », remarque Jean Starobinski, qui note que l'organisation ternaire s'annonce dans le titre même de certains chapitres : « De trois bonnes femmes » (II, 35), « De trois commerces » (III, 3)[3]. Ici le raisonnement remonte, non du général au particulier, mais du bas vers le haut, derrière, bouche et finalement nez.

Conclusion facétieuse de Montaigne : « Ne vous moquez pas de cette subtilité ; elle est d'Aristote ». Montaigne ajoute intentionnellement, entre parenthèses : « (dict-on) », non pas qu'il ait des doutes sur le sujet ou sur la source de cet avis, en fait les *Problemata* d'Aristote, c'est-à-dire des *Problèmes* les plus divers faisant alterner questions et réponses[4], et que l'on attribue, pour leur donner plus d'autorité, à Aristote, le prince des philosophes, mais pour bien faire comprendre qu'il s'en moque (l. 18-19). Une autorité telle qu'Aristote mérite bien d'être désavouée au passage, ou, pour mieux dire, bousculée par le rire.

D'Aristote, plaisamment désavoué, ou du moins des *Problèmes* qui lui sont attribués, on passe à Plutarque, toujours à propos des causes. Autant Aristote est moqué, autant Plutarque est respecté par Montaigne. Plutarque, que vient de traduire Jacques Amyot, évêque de Sens, excellent helléniste et parfait styliste, est l'auteur préféré de Montaigne, qui le lit, non pas en grec, mais tantôt en traduction latine, tantôt, bien plus volontiers, en français. Plutarque, comme le dit ici Montaigne, est, de tous les auteurs qu'il connaisse, « celuy qui a mieux meslé l'art à la nature et le jugement à la science » (l. 21-22). Un jour à Rome, dînant avec l'ambassadeur de France et des personnes savantes, dont Marc-Antoine de Muret, Montaigne en était venu sur le propos de la traduction de Plutarque par Jacques Amyot. Contre ceux qui l'estimaient beaucoup moins que lui, il maintenait au moins cela, « que, où le traducteur a failli

3 Jean Starobinski, *Montaigne en mouvement*, *op. cit.*, p. 159-168 : « Note sur le groupement ternaire » ; cité p. 159.

4 Aristote, *Problemata*, section XXXIII, question 9.

le vrai sens de Plutarque, il y en a substitué un autre vraisemblable et s'entretenant bien aux choses suivantes et précédentes[5] ». On lui oppose alors plusieurs faux-sens, manifestement commis par Amyot. Montaigne est obligé de se rendre : « par quoi, recevant leurs présuppositions du sens propre de la langue, j'avouai de bonne foi leur conclusion[6] ». Toujours est-il que, revenu en France, il ne supprime rien de son vibrant éloge d'Amyot dans les *Essais*, en particulier dans le chapitre « À demain les affaires », qui commence ainsi : « Je donne avec raison, ce me semble, la palme à Jacques Amiot sur tous nos escrivains François, non seulement pour la naïfveté et pureté du langage, en quoy il surpasse tous autres, ny pour la constance d'un si long travail, ny pour la profondeur de son sçavoir, ayant peu développer si heureusement un autheur si espineux et ferrré [...] ; mais sur tout je luy sçay gré d'avoir sçeu trier et choisir un livre si digne et si à propos, pour en faire present à son pays » (II, 4, p. 363). Des éloges complémentaires en faveur de Jacques Amyot se rencontrent dans deux autres chapitres des *Essais*, l'un pour dire la clémence du duc François de Guise, assiégeant Rouen, dont Amyot a été le témoin direct (I, 24, p. 124) ; l'autre pour louer le même Amyot d'avoir laissé, dans le cours d'une oraison française, les noms grecs et latins d'origine (I, 46, p. 277).

Mais par-delà Amyot, la défense enthousiaste de Plutarque est constante, comme en témoigne le chapitre des *Essais* intitulé « Defence de Seneque et de Plutarque » (II, 32, p. 721-727). Sénèque, que Montaigne pratique constamment, alors même qu'il se détache du stoïcisme, qui l'a séduit un temps, mais plus encore Plutarque, auteur moins sentencieux, et d'une éloquence plus forte et plus persuasive, le comblent au-delà de toute mesure, et il y puise sans réserve, si bien que, comme il le dit dans un ajout de l'exemplaire de Bordeaux, son livre est « massonné purement de leurs despouilles » (II, 32, p. 721). La familiarité qu'il a avec ces personnages et l'assistance qu'ils font à sa jeune vieillesse de quadragénaire, l'obligent, comme il l'explique encore, à épouser leur cause et à défendre leur honneur. Contre Jean Bodin, « bon autheur de nostre temps », lequel, dans *La Méthode de l'histoire*, a eu toutefois le malheur de s'en prendre à Plutarque, sur des faits prétendument

---

5 Montaigne, *Journal de voyage*, éd. Fausta Garavini, Paris, Gallimard, 1983, p. 214-215 ; éd. François Rigolot, Paris, PUF, 1992, p. 113-114.

6 *Journal de voyage*, éd. citée F. Garavini, p. 215 ; éd. citée F. Rigolot, p. 114.

invraisemblables, comme de cet enfant de Sparte qui s'est laissé dévorer le ventre par un renardeau, qu'il avait dérobé, plutôt que d'avouer son larcin, Montaigne vigoureusement réplique et plaide la vraisemblance.

En dépit de ces éloges sans réserve de Plutarque, celui-ci n'est pas approuvé totalement dans le chapitre « Des coches », en particulier sur la cause du mal de mer ou de rivière[7]. Dans *Les Causes naturelles*, traité inclus dans les *Moralia* ou *Œuvres morales*, Plutarque met cet écœurement ou cette nausée sur le compte de la crainte. Ce qui ne convainc pas Montaigne, fort sujet à de tels malaises, et ignorant en général la crainte, comme on l'a vu plus haut[8].

La question qu'aborde ici Montaigne est enfin la première grande question du chapitre. Ce qui l'amène à contredire Plutarque, ou du moins à être en désaccord avec lui, est sa propre expérience : « et le sçay non par argument, mais par necessaire experience » (l. 27). Que peut-on objecter à un fait comme celui-là ? D'autant qu'il est corroboré par l'exemple des animaux, des pourceaux en particulier, hors de toute idée de danger. Argument concomitant, celui d'une connaissance de Montaigne, un de ses amis donc, qui lui a témoigné qu'étant fort sujet à ce mal, l'envie de vomir lui était passée deux ou trois fois, alors qu'il se trouvait pressé de frayeur en grande tourmente. Le fait est confirmé par Sénèque dans une épître, dont citation est glissée sur l'exemplaire de Bordeaux : « *Pejus vexabar quam ut periculum mihi succureret* » : « J'étais trop malade pour songer au péril » (l. 33)[9].

Montaigne n'a jamais eu peur sur l'eau, comme, du reste, il n'en a jamais éprouvé ailleurs, qui l'ait au moins troublé ou ébloui. Tous les dangers qu'il a affrontés, ç'a été « les yeux ouverts, la vue libre, saine et entière ». Et d'ajouter cette maxime paradoxale : « encore faut-il du courage à craindre » (l. 39-40). Contradiction dans les termes, à première vue, car qu'y a-t-il de plus contradictoire que le courage et la crainte ? Ou plutôt sentiments antithétiques, mais complémentaires. La crainte exige du courage pour en triompher. Or Montaigne, loin de se vanter, n'éprouve ni courage ni crainte. Et de donner comme exemple un épisode de fuite, sans doute lors des combats des guerres de Religion, fuite nullement panique, mais « sans effroi et sans étonnement ». Cette

---

7 Plutarque, trad. Jacques Amyot, *Les Causes naturelles*, XI, f. 536-537.
8 Isabelle Konstantinovic, *Montaigne et Plutarque*, Genève, Droz, 1989, p. 475.
9 Sénèque, *Épître* LIII.

fuite de Montaigne était « émue », « mais non pas étourdie ni éperdue » (l. 42-43). Qu'une fuite soit émue, cela va de soi. Une fuite est mouvement et émotion, au propre comme au figuré. Mais la fuite de Montaigne n'était pas folle, il s'en faut de beaucoup, elle ne l'égarait pas, ne le jetait pas hors de lui-même.

Une distinction s'impose aussitôt à Montaigne. Elle l'amène à distinguer sa propre conduite de celle des « grandes âmes », dont l'exemple par excellence est Socrate, le modèle idéal de Montaigne, un modèle sur lequel il revient sans cesse, jusqu'à la toute dernière page des *Essais*, mais qu'il se sent bien incapable de suivre (III, 13, p. 1113)[10]. « Les grandes ames vont bien plus outre, et representent des fuites, non rassises seulement, et saines, mais fieres » (l. 44-45). À preuve celle de Socrate, dont nous savons la conduite par le témoignage d'Alcibiade dans *Le Banquet* de Platon. Alcibiade, en effet, fut son compagnon d'armes lors de la dramatique retraite de Délion. Les circonstances sont celles d'une déroute. Socrate et son compagnon Lachez, c'est-à-dire le général Lachès, sont parmi les derniers « entre les fuyans » (l. 48). Alcibiade chevauche « un bon cheval », tandis que Socrate est à pied, en hoplite. C'est ainsi qu'ils ont combattu et c'est ainsi qu'ils se retirent après la défaite, sans nulle précipitation. Socrate, selon Alcibiade, marchait sans s'émouvoir devant les vainqueurs[11]. Son « marcher », c'est-à-dire sa démarche, empreint de bravoure, n'était « nullement différent du sien ordinaire », sa vue ferme et réglée, considérant et jugeant ce qui se passait autour de lui, regardant tantôt les uns et tantôt les autres, amis aussi bien qu'ennemis, « d'une façon qui encourageait les uns, et signifiait aux autres, qu'il était pour vendre bien cher son sang et sa vie, à qui essaierait de la lui ôter ; et se sauvèrent ainsi » (l. 52-58). Car volontiers on n'attaque pas ceux-ci ; on court après ceux qui ont peur. Le témoignage de ce grand capitaine, c'est-à-dire d'Alcibiade, conclut Montaigne, nous apprend ce que nous expérimentons tous les jours, qu'il n'est rien qui nous jette tant aux dangers qu'une faim inconsidérée de nous en mettre hors. Voir et juger le danger est le contraire de s'en étonner, c'est-à-dire d'en être bouleversé ou tout simplement secoué.

---

10 Voir en particulier Thierry Gontier et Suzel Mayer (dir.), *Le socratisme de Montaigne*, Paris, Classiques Garnier, 2010, p. 7-12 : « Socrate, au prisme de Montaigne ».

11 D'après Platon, *Le Banquet*, 221a-c.

Ayant allégué cet illustre exemple, Montaigne revient à lui-même. Il ne se sent pas assez fort pour soutenir le coup et l'impétuosité de cette passion de la peur, ni aucune autre véhémente. Il conclut que s'il en était un coup vaincu et atterré, c'est-à-dire jeté à terre, il ne s'en relèverait « jamais bien entier » (l. 71). Cette secousse qui vous précipite à terre annonce celle qui conclut l'essai, de l'Inca précipité de sa litière au soir de Cajamarca, défaite définitive, atterrante au sens propre, devant le conquérant espagnol (l. 737-742). On en arrive à cette maxime déjà évoquée, qui fait intervenir Dieu : « Dieu donne le froid selon la robe » ou l'habit, c'est-à-dire, selon Littré, qu'il mesure les épreuves des hommes à leurs forces[12]. Montaigne ajoute : « et me donne les passions selon le moyen que j'ai de les soutenir » (l. 84-85). Désarmé de force, Montaigne se trouve en revanche « armé d'insensibilité, et d'une appréhension réglée ou mousse », c'est-à-dire émoussée.

MAL DE COCHE [L. 89-106]

Viennent enfin les coches, qui sont le titre de l'essai, titre aussitôt expliqué, mais par la négative, c'est-à-dire par un tour d'ironie : « Or je ne puis souffrir long temps (et les souffrois plus difficilement en jeunesse) ny coche, ny littiere, ny bateau : et hay toute autre voiture que de cheval, et en la ville et aux champs » (l. 89-92). Le cheval contre les coches, l'animal que l'on monte, et non le véhicule qui vous transporte et vous enferme. Pire encore que le coche, la litière molle, et par même raison, plus le mouvement languissant qu'une agitation rude sur l'eau, d'où se produit la peur. L'agitation molle que l'on ressent par temps calme est insupportable. En définitive, le branle, l'ébranlement tour à tour précipité et languissant, c'est cela même qui retourne le cœur du passager conduit sur l'eau par de robustes rameurs :

> Par cette legere secousse, que les avirons donnent, desrobant le vaisseau soubs nous, je me sens brouiller, je ne sçay comment, la teste et l'estomac : comme je ne puis souffrir soubs moy un siege tremblant. Quand la voile, ou le cours de l'eau, nous emporte esgalement, ou qu'on nous touë, cette agitation unie, ne me blesse aucunement. C'est un remuement interrompu, qui m'offense : et plus, quand il est languissant. Je ne sçaurois autrement peindre sa forme (l. 95-102).

12 Émile Littré, *Dictionnaire de la langue française*, Paris, Gallimard et Hachette, 1971, s. v. froid, s. m.

L'harmonie imitative de cette période est remarquable. La première phrase suggère ce mouvement inégal et saccadé, caractérisé ensuite comme « un remuement interrompu », celui de la barque courant sur son erre et tout à coup reprise et relancée par le coup d'aviron. La secousse tout d'abord, presque imperceptible, une « légère secousse », dont la cause est donnée ensuite, le verbe bref, « donnent », étant rejeté à la fin de la relative, puis le segment de phrase au participe présent, repoussant encore de huit syllabes le « nous » collectif, et brusquement le sujet à la première personne du singulier, monosyllabique et réflexif, qui délivre la sensation, sensation trouble et incompréhensible.

Ce « siège tremblant », que le sujet Michel de Montaigne sent « sous soi », ou sous lui, définit assez bien l'instabilité du chapitre, expérience physique que suggère ailleurs l'image fameuse de la bascule ou de la « branloire » : « Le monde n'est qu'une branloire pérenne. Toutes choses y branlent sans cesse : la terre, les rochers du Caucase, les pyramides d'Égypte : et du branle public, et du leur. La constance mesme n'est autre chose qu'un branle plus languissant » (III, 2, p. 804-805). Cette image, qui culmine dans un paradoxe, se rattache, comme le note André Tournon, au mobilisme d'Héraclite, diffus dans tous les *Essais*[13].

Montaigne ajoute encore une remarque quant au traitement recommandé par les médecins qu'il a consultés à ce sujet. Se sangler d'une serviette le bas du ventre, telle est l'ordonnance des médecins, ce qu'indique bien le verbe « m'ont ordonné ». Mais Montaigne leur a désobéi, comme il désobéit volontiers aux médecins qu'il consulte, on le vérifiera encore dans le chapitre « De l'expérience » (III, 13). « Ce que je n'ay point essayé », écrit-il. Autrement dit, il n'en a pas fait l'essai, car il s'est accoutumé à combattre les défauts qui sont en lui et à les dompter par lui-même (l. 104-106). Brusquement le Montaigne stoïque resurgit ici.

L'essai « Des coches » est un essai à un double ou même à un triple titre. Essai médical ou thérapeutique, tôt interrompu. Essai littéraire ou philosophique, mais plus encore essai historique, qui prend fin provisoirement au bout de quinze pages. « Des coches » ou des transports pourrait être le titre particulier de la seconde partie, consacrée, du moins en son début, à une liste de coches invraisemblables. Après l'ouverture sur le mal des coches, viennent les coches proprement dits, parfois fort

---

13 André Tournon, *« Route par ailleurs ». Le « nouveau langage » des* Essais, Paris, Champion, 2006, p. 321.

inattendus. Une simple liste, variée à loisir et accompagnée de circonstances très inégales, amorces de commentaires, insolites digressions ou brusques hors sujet.

DES COCHES OU DES VOITURES TOUT SIMPLEMENT

Le second volet du chapitre, beaucoup plus étendu que le premier, autrement dit le corps des « Coches », est consacré aux coches proprement dits, du moins en apparence et pour commencer. En fait, c'est la partie du chapitre la plus gonflée d'ajouts, Montaigne ayant presque continûment rempli les marges de l'exemplaire de Bordeaux tout au long de ces trois longues pages d'introduction à la seconde partie.

Introduction en effet. Car avant même la mention de Marc Antoine et d'une garce ménétrière avec lui sur un coche tiré par des lions, Montaigne annonce le programme, qu'il va réduire à une cinquantaine de lignes, des coches de guerre, « divers selon les nations, selon les siècles », de grand effet – « ce me semble », précise-t-il –, et nécessité (l. 109-110). Autrement dit, avant les coches futiles montrés pour la parure et le spectacle, avant les coches extravagants qui défilent sous les yeux du peuple romain, les coches de très grande nécessité, à savoir, dans un passé récent, « du temps de nos pères », les coches armés lancés par les Hongrois contre les Turcs, coches blindés, pourrait-on dire, et armés d'arquebuses, qu'on lançait dans la bataille et que l'on « décochait » dans les escadrons ennemis pour y faire des trouées. Même s'il n'y a qu'un rapport d'homonymie entre *la* coche ou l'encoche et *le* coche, le jeu de mots est intentionnel : coches décochés dans les rangs adverses comme des flèches ou des boulets de canon !

Montaigne descend le temps et en arrive au temps présent, « de mon temps », pour évoquer un gentilhomme impotent et trop lourd pour monter à cheval, marchant par pays en coche « de mesme cette peinture », pour régler une querelle, « et s'en trouvait très bien » (l. 122-125). On aurait aimé avoir des précisions sur ce coche armé et apparemment blindé allant à travers la campagne « en l'une de nos frontières ». Mais le voilà qui coupe court à cette liste à peine commencée de coches rapides roulant à l'attaque, et passe à son contraire. Plus de coches guerriers, mais des coches civils et des plus lents qui soient. Surviennent les rois fainéants, « comme si leur néantise n'était assez connue à meilleures enseignes », comme l'explique l'édition de 1595, rois qui se déplaçaient à travers pays sur un chariot traîné par quatre bœufs (l. 126-127). Ce trait, emprunté à l'*Histoire de France* de l'historien Bernard de Girard, seigneur Du Haillan, apparaît en parfait contraste avec les coches qui précèdent comme avec ceux qui suivent[14].

L'on en arrive enfin aux Romains, par lesquels, à l'origine, cette seconde partie commençait. Cette seconde partie, comme bien d'autres chapitres des *Essais*, notamment ceux « De la coustume, et de ne changer aisément une loy receüe » (I, 23, p. 108-123) ou « De l'usage de se vestir » (I, 36, p. 225-228), revêt une apparence de liste ou de catalogue. Cette « collection d'autos », comme il a été dit ailleurs, relève du catalogue d'inventions, toutes plus extraordinaires les unes que les autres, si goûté par le public de la Renaissance[15]. La mode des inventeurs, qui a donné naissance à l'« heurématographie », ou « genre des traités de découvertes », trouve dans le traité *Des inventeurs* de l'humaniste Polydore Vergile, natif d'Urbino, son expression la plus complète et la plus diffusée[16]. Elle remonte à l'Antiquité, si l'on en croit certains satiristes et philosophes.

Ainsi Sénèque dénonçait à loisir dans le *De brevitate vitae* cette vaine recherche d'un savoir inutile, maladie, à l'en croire, venue des Grecs :

> Ce fut jadis une maladie des Grecs de se demander combien de rameurs avait Ulysse, si c'est l'Iliade ou l'Odyssée qui a été écrite la première, puis si elles

14 Bernard de Girard Du Haillan, *Histoire de France*, Paris, P. L'Huillier et M. Sonnius, 1576, II, p. 105.

15 Voir *Le Brésil de Montaigne. Le Nouveau Monde des "Essais"*, éd. Frank Lestringant, Paris, Chandeigne, 2005, « Introduction », p. 47.

16 Brian P. Copenhaver, « The Historiography of Discovery in the Renaissance : the Sources and Composition of Polydore Vergil's *De inventoribus rerum*, I-III », *The Journal of the Warburg and Courtauld Institutes*, vol. 41, 1978, p. 192-214 ; Frank Lestringant, « Le livre *Des inventeurs* de Polydore Vergile », Dominique de Courcelles (dir.), *Ouvrages miscellanées et théories de la connaissance à la Renaissance*, Paris, École nationale des Chartes, et Genève, Droz, « Études et rencontres de l'École des Chartes », 12, 2003, p. 37-56 ; « Rabelais, Polydore Vergile et 'la fascination des commencements' », *Esculape et Dionysos. Mélanges en l'honneur de Jean Céard. Études réunies et éditées par Jean Dupèbe, Franco Giacone, Emmanuel Naya et Anne-Pascale Pouey-Mounou*, Genève, Droz, 2008, p. 727-740.

sont du même auteur, ou autres niaiseries de cette espèce, que tu peux garder pour toi sans enrichir ta conscience ou publier sans paraître plus savant, mais seulement plus ennuyeux. Voici que les Romains aussi sont gagnés par cette vaine ardeur de recherches superflues. J'ai entendu ces jours derniers exposer ce que chacun des généraux romains avait été le premier à faire : le premier, Duilius remporta une victoire navale ; le premier, Curius Dentatus promena des éléphants dans son triomphe [...][17].

Sur trois longues pages, quelque peu redondantes, Sénèque s'employait à inventorier les premiers inventeurs des choses les plus futiles, voire les plus inutiles ou encore les plus scandaleuses. L'accumulation, chez lui, avait claire valeur de dénonciation, dénonciation en particulier de la cruauté à laquelle conduit inévitablement la recherche du sensationnel à tout prix, cruauté dont se serait rendu coupable, presque à son corps défendant, Pompée lui-même, l'un des Romains pourtant les plus doux et les plus paisibles qui soient.

Admettras-tu qu'on se soucie que Sylla le premier ait lâché dans le cirque des lions, alors qu'auparavant ils étaient attachés, et que le roi Bocchus ait envoyé des archers pour les tuer ? Cela encore, admettons-le. Mais que Pompée le premier ait fait représenter un combat en mettant dix-huit éléphants aux prises avec des condamnés, cela peut-il avoir quelque conséquence heureuse ? Le premier personnage de la cité et parmi les anciens hommes d'état le plus remarquable par sa bonté, nous dit la tradition, a regardé comme un spectacle mémorable une nouvelle manière de faire mourir des hommes. Les faire combattre ? C'est trop peu. Déchirer ? C'est trop peu. Broyer par l'énorme masse des animaux !

Et Sénèque de conclure : « Il eût mieux valu laisser de pareils faits dans l'oubli, de peur que quelque grand ne les apprît et ne fût jaloux de cet acte inhumain[18] ».

Conclusion d'une telle suite d'inventions déshonorantes, et à bien des égards désobligeantes pour leurs promoteurs, une franche réprobation de la part de Sénèque :

Car, en admettant qu'ils racontent ces histoires de bonne foi et s'en portent garants, de qui diminueront-elles les égarements, de qui refouleront-elles les passions ? Qui rendront-elles plus courageux, plus juste, plus généreux ?

17 Sénèque, *De brevitate vitae*, XIII, 2-9, traduction Abel Bourgery, Paris, Les Belles Lettres, 1923, p. 65.

18 *Ibid.*, p. 66-67.

> Notre grand Fabianus avouait se demander parfois s'il ne vaudrait pas mieux ne s'adonner à aucune étude qu'à des inepties pareilles[19].

Une telle liste d'inventions ineptes, au dire de Sénèque, fait penser au catalogue de chars étrangement attelés que Montaigne dévide dans « Des Coches », en s'inspirant de Pietro Crinito, *De honesta disciplina*, XVI, 10. Mais nulle condamnation ici, tout au plus un étonnement. Il a d'abord été question des coches au service de la guerre. L'ajout de l'exemplaire de Bordeaux s'achève, on vient de le voir, par les rois fainéants. Ensuite commence la liste ou plutôt le défilé de chars :

> Marc Antoine fut le premier qui se fit mener à Romme, et une garce menestriere quant et [= avec] luy, par des lyons attelez à un coche. Heliogabalus en fit depuis autant, se disant Cibelé, la mere des dieux, et aussi par des tigres, contrefaisant le Dieu Bacchus ; il attela aussi par fois deux cerfs à son coche, et une autre fois quattre chiens, et encore quattre garses nues, se faisant trainer par elles en pompe tout nud (l. 128-134).

L'insolite et l'indécent, voire l'obscène, font bon ménage, comme on le voit, avec l'exotique. Héliogabale, le jeune empereur inverti, qui fut tué dans un retrait ou lieu d'aisance, comme nous l'apprend le chapitre « Qu'il faut sobrement se mesler de juger des ordonnances divines » (I, 32, p. 216), s'exhibe ici tout nu face à son peuple, dans un char traîné par quatre garces nues. C'est le même Héliogabale qui, prévoyant sa mort précoce, envisageait de se faire mourir « délicatement où l'occasion l'en forcerait », faisant bâtir une tour somptueuse, d'où il se serait précipité, tresser des cordes d'or et de soie cramoisie pour s'étrangler, battre une épée d'or pour s'enferrer, ou encore confectionner des vases d'émeraude et de topaze remplis de venin pour s'empoisonner, le tout rapporté dans le chapitre « De juger de la mort d'autruy » (II, 13, p. 607). Cette imagination débordante en toutes manières de suicide ne l'empêcha pas d'être sommairement massacré à l'âge de dix-huit ans, après quatre ans de règne et de débauches variées.

Toutefois Héliogabale ne clôt pas la série. À sa suite, dans « Des Coches », surgit encore l'empereur Firmus, qui « fit mener son coche à des autruches de merveilleuse grandeur, de manière qu'il semblait plus voler que rouler » (l. 134-136).

---

19 *Ibid.*, p. 68.

Montaigne ne se scandalise pas outre mesure de « l'étrangeté de ces inventions ». Toutefois il émet des réserves quant à ces dépenses ostentatoires. C'est, à l'en croire, « une espèce de pusillanimité aux monarques, et un témoignage de ne sentir point assez ce qu'ils sont, de travailler à se faire valoir et paraître par dépenses excessives ». En effet, tout-puissant par définition, c'est-à-dire qu'« il peut tout », le monarque ou l'empereur « tire de sa dignité le plus extrême degré d'honneur » où il peut arriver. En conséquence, de pareilles dépenses et une ostentation si patente sont inutiles, voire nocives. À partir de ce cas, Montaigne revient à lui-même, ou du moins au statut de gentilhomme qui est le sien. Il est superflu, lui semble-t-il, de se « vêtir curieusement en son privé », c'est-à-dire avec recherche, dans son intérieur ou sa famille. Une proposition au rythme ternaire conclut fermement et résolument ce développement moral : « sa maison, son trein, sa cuysine respondent assez de luy » (l. 144-145).

Ici une interpolation manuscrite sur l'exemplaire de Bordeaux : le conseil qu'Isocrate donne dans son *Discours à Nicoclès*, et qui semble tout à fait raisonnable à Montaigne : « Qu'il soit splendide en meubles et ustensiles, d'autant que c'est une dépense de durée, qui passe jusques à ses successeurs : et qu'il fuie toutes magnificences qui s'écoulent incontinent – c'est-à-dire aussitôt – et de l'usage et de la mémoire » (l. 147-150)[20]. La vaine parure est pour Montaigne un péché de jeunesse, vite délaissé.

Et pourtant, cette recherche vestimentaire lui allait bien, au contraire d'autres, « sur qui les belles robes pleurent ». Au chapitre 36 du livre I des *Essais*, « De l'usage de se vestir », il confessait « ne s'habiller guère que de noir ou de blanc, à l'imitation de [s]on père » et contrairement aux Français, « accoustumez à se biguarrer » (I, 36, p. 227). Et d'alléguer avec éloge, au chapitre « Des coches », les contes merveilleux de la frugalité des rois de France autour de leur personne et de leurs dons, grands rois en revanche « en crédit, en valeur et en fortune ». Il ne peut qu'approuver l'attitude de Démosthène, qui combattait à outrance la loi de sa ville, c'est-à-dire d'Athènes, laquelle consacrait les deniers publics aux pompes des jeux et de leurs fêtes. Il voulait au contraire que cet argent fût employé à quantité de vaisseaux bien équipés et d'armées

---

20 Isocrate, *Discours à Nicoclès*, VI, 19.

bien fournies[21]. Ce qui n'empêcha pas Philippe de Macédoine de mettre assez vite la main sur toute la Grèce, et en particulier sur Athènes.

Nouvelle addition manuscrite sur l'exemplaire de Bordeaux, qui nous ramène d'Athènes à Paris et du quatrième siècle avant Jésus-Christ à l'actualité la plus récente, c'est-à-dire aux dernières années du règne d'Henri III. La dépense paraît à Montaigne bien plus royale, « comme plus utile, juste et durable, en ports, en havres, fortifications et murs, en bâtiments somptueux, en églises, hôpitaux, collèges, réformation de rues et de chemins ». À preuve la Rome pontificale et le Paris des derniers Valois, « cette grande cité : grande en peuples, grande en felicité de son assiette, mais sur tout grande et incomparable en varieté et diversité de commoditez, la gloire de la France, et l'un des plus nobles ornemens du monde », comme l'assure le chapitre « De la vanité » (III, 9, p. 972). Grâces sont rendues au pape Grégoire XIII, grand constructeur, auquel Montaigne est allé rendre visite à Rome, et à « notre Reine » Catherine de Médicis, qui a multiplié les œuvres architecturales dans Paris, le nouveau palais du Louvre, loin d'être achevé, sur les plans de Pierre Lescot, les Tuileries et surtout le Pont-Neuf, dessiné par Baptiste Androuet du Cerceau, dont la construction a été malheureusement suspendue. La fortune m'a fait grand déplaisir, écrit Montaigne, d'interrompre la « belle structure » du Pont-Neuf « de notre grand'ville », qui ne sera terminée que sous Henri IV, et de lui ôter « l'espoir avant de mourir d'en voir en train l'usage » (l. 172-174). Cet ajout de l'exemplaire de Bordeaux est sans doute antérieur à janvier 1589, date de la mort de Catherine de Médicis. Hommage est rendu néanmoins à « sa libéralité naturelle et munificence », si du moins, ajoute Montaigne, « ses moyens suffisaient à son affection », c'est-à-dire à son goût et à sa volonté.

Pour Montaigne, à l'évidence, Catherine de Médicis n'est pas la reine de la Saint-Barthélemy, à laquelle le romantisme a définitivement attaché son nom. Alexandre Dumas, en particulier, a fortement contribué, par son roman *La Reine Margot*, à cette image noire de la reine, responsable avec son fils Charles IX des massacres de 1572[22]. Pour Montaigne, rien de tout cela, et pas un mot de la Saint-Barthélemy dans les *Essais*, non

21 Voir Démosthène, *Troisième Olynthienne*, 10-14 et 19.

22 Voir Frank Lestringant, « Sueur de sang : *La Reine Margot* », Sylvain Ledda (dir.), *Alexandre Dumas*, Paris, Éditions de L'Herne, 2020, p. 141-145.

plus que dans son *Journal de voyage* ou dans une *Éphéméride* lacunaire[23]. Au contraire, une fidélité de toujours à la reine mère et à son fils, « notre pauvre feu Roy Charles neufiesme », dont il fait reproche aux protestants de l'avoir assimilé à Néron (II, 32, p. 721). Nulle tendresse en revanche pour son frère et successeur Henri III, mis en cause implicitement dans le chapitre « Contre la fainéantise », et vilipendé pour ses activités savantes ou pieuses, discours à l'académie du Palais et retraites à Ollainville, alors que son peuple, dans la misère, se débat dans une interminable guerre civile (II, 21, p. 676). Henri III est enfin responsable de l'assassinat des Guises à Blois en décembre 1588, avant de périr lui-même quelques mois plus tard sous le couteau du moine Jacques Clément. Or on sait l'attachement personnel de Montaigne envers les Guises, plusieurs fois rappelé dans les *Essais*, notamment dans « Divers evenemens de mesme conseil », où est rappelé le siège de Rouen par le duc François (I, 24, p. 124). En vérité, c'est Henri III qui posa la première pierre du Pont-Neuf le 31 mai 1578. Laissé à l'état de piles disjointes, et ne franchissant encore qu'un bras de la Seine, le bras gauche, le plus étroit, le plus court, lorsque Montaigne monte pour la dernière fois à Paris, en l'année 1588, alors qu'Henri III vient d'être chassé de sa capitale par Henri de Guise et la Ligue, le Pont-Neuf ne sera achevé qu'en 1607 par Guillaume Marchand et François Petit et finira par entrer dans la littérature[24]. Au XVIIe siècle, c'est sur le Pont-Neuf que chanteurs, escamoteurs et charlatans tiennent leurs assises, dressent leurs tréteaux, et jouent de farcesques spectacles[25].

Retour aux coches, ou du moins aux triomphes romains où apparaissent des coches, tous plus extraordinaires les uns que les autres. Le problème de tels spectacles fastueux, selon Montaigne, est que l'on fait montre, ou, pour mieux dire, étalage, aux spectateurs de leurs propres richesses et « qu'on les festoie à leurs dépens » (l. 176-177). C'est un lieu commun de la pensée politique du temps, que l'on trouve notamment

---

23 Alain Legros, « Montaigne, son *Éphéméride* et la Saint-Barthélemy. Réflexions autour d'un silence », Emiliano Ferrari, Thierry Gontier et Nicola Panichi (dir.), *Montaigne. Penser en temps de guerres de Religion*, Paris, Classiques Garnier, 2021, p. 85-99 et notamment p. 86-87. *Cf.* Géralde Nakam, *Montaigne et son temps. Les événements et* les Essais, Paris, Librairie A.-G. Nizet, 1982, p. 130-138.

24 Un tableau représentant le Pont-Neuf en construction en 1588 est exposé au Musée Carnavalet à Paris.

25 Voir Michel Jeanneret, *J'aime ta joie parce qu'elle est folle. Écrivains en fête (XVIe et XVIIe siècles)*, Genève, Droz, « Titre courant », 2018, ch. IX, « Les farceurs du Pont-Neuf », p. 119-150.

dans *Les Six Livres de la République* de Jean Bodin[26]. Car, explique Montaigne, « les peuples présument volontiers des rois, comme nous faisons de nos valets, qu'ils doivent prendre soin de nous apprêter en abondance tout ce qu'il nous faut, mais qu'ils n'y doivent aucunement toucher de leur part ». Parallèle surprenant et paradoxal, car il met en relation des situations inverses. Les rois sont débiteurs envers les peuples qui leur obéissent, alors que les serviteurs sont tout simplement soumis à leurs maîtres, qui leur commandent.

Contre-exemple, emprunté à la *Vie de Galba*, de Plutarque. L'empereur Galba, généreux autant qu'homme peut l'être, mais non pas dispendieux, ayant pris plaisir à entendre un musicien pendant son souper, se fit apporter sa cassette, pour y puiser, y « pêcher » plutôt, une poignée d'écus avec ces mots : « Ce n'est pas du public, c'est du mien » (l. 184)[27]. Une page plus loin, un nouveau contre-exemple venu de Plutarque, des *Dicts notables des anciens Roys, Princes et grands Capitaines*, vient confirmer cette vérité, plutôt qu'il ne la contredit. La libéralité s'accommode fort bien avec la tyrannie, comme le montre Denys, tyran de Syracuse : « la seule, comme disoit le tyran Dionysios, qui se comporte bien avec la tyrannie mesme » (l. 206-207)[28].

Résumé de ce développement sur la nécessité pour les gouvernants de se montrer parcimonieux, une maxime symétrique : « Les subjects d'un prince excessif en dons se rendent excessifs en demandes » (l. 235-236), et qui amène le constat suivant : « parquoy plus un Prince s'espuise en donnant, plus il s'apouvrit d'amys » (l. 244-245).

« DÉSUBJECTIVATION » [L. 107-298]

Si l'on revient sur le parcours de ces quatre premières pages de la seconde partie (l. 107-298), truffée d'ajouts, et où plus de la moitié du texte provient de compléments manuscrits en marge de l'exemplaire de Bordeaux, on s'aperçoit que Montaigne s'est écarté de son propos premier, et même second, pour abandonner, selon toute apparence, aussi

26 Jean Bodin, *Les Six Livres de la République*, VII, 2, Paris, J. Du Puys, 1580, p. 860. Cité dans Montaigne, *Les Essais*, éd. J. Balsamo, M. Magnien et C. Magnien-Simonin, Paris, Gallimard, « Bibliothèque de la Pléiade », 2007, p. 1765.

27 D'après Plutarque, *Vie de Galba*, f. 724 F. Voir Isabelle Konstantinovic, *Montaigne et Plutarque*, Genève, Droz, 1989, p. 475.

28 *Cf.* Isabelle Konstantinovic, *Montaigne et Plutarque*, *op. cit.*, p. 475.

bien l'écœurement du voyageur que les coches, dont il n'est plus du tout question. En effet, c'est de la politique du don et du contre-don qu'il est question entre gouvernants et gouvernés. Qu'a donc un monarque à se faire valoir et paraître « par despences excessives » (l. 140) ?

Lointain précurseur de Marcel Mauss et de son *Essai sur le don*, Montaigne recommande la plus extrême prudence en la matière[29]. En effet, il est le témoin direct des désordres qu'entraîne un don excessif, comme le montre le triste exemple d'Henri III, roi dispendieux, faible, assassin des Guises et bientôt assassiné, lequel, à la différence de son frère Charles IX, n'est pas une seule fois nommé dans les *Essais*. Il suffit à Montaigne de l'avoir évoqué en termes péjoratifs dans « Contre la faineantise ». Malheur à ceux qui servent un roi « apoltronny à des occupations lasches et vaines », uniquement soucieux de sa conservation, et si nonchalant de la nôtre (II, 21, p. 676) ! Selon Montaigne, celui qui règne doit savoir donner modérément, sauf à s'exposer à la ruine ou à la mort. En apparence, cette leçon, longuement développée, conclut, comme on l'a vu, à un équilibre entre dépense et service, tant il est vrai que l'excès en dons entraîne un excès toujours croissant en demandes. Cet équilibre entre don et contre-don, ou plutôt cette retenue en fait de dépenses publiques, permet d'éviter tout débordement et tout excès, qui ne peuvent qu'ouvrir un abîme dans les rapports sociaux et compromettre la solidité de l'édifice politique.

Les ajouts de l'exemplaire de Bordeaux sont sans équivoque. Premier exemple : celui de Cyrus récupérant auprès de ses vassaux les sommes prêtées et obtenant d'eux davantage encore, si bien qu'il put dire à Crésus, lequel s'estimait le roi le plus riche du monde, que sa « chevance », c'est-à-dire son bien, était mieux logée dans ses amis que dans ses coffres. Second exemple : Philippe, roi de Macédoine, reprochant à son fils Alexandre, le futur Alexandre le Grand, ses largesses auprès des Macédoniens, et lui disant : « Pratique-les des bienfaits de ta vertu, non des bienfaits de ton coffre » (l. 297-298). Les coffres ou le coffre, dans les deux exemples, sont en définitive soigneusement refermés.

Comment comprendre l'insertion de ces quatre pages dans l'étroite enceinte du chapitre « Des Coches[30] » ? Non qu'il faille seulement en

29 Marcel Mauss, *Essai sur le don : forme et raison de l'échange dans les sociétés archaïques*, Paris, PUF, 1973.

30 L'analyse de ces quelques pages fait défaut dans l'article d'Edwin M. Duval, « Lessons ot the New World : Design and Meaning in Montaigne's "Des Cannibales" (I : 31) and "Des coches" (III : 6) », *Yale French Studies*, 1983, n° 64, p. 95-112.

conclure à l'avarice de Montaigne, ou du moins, à sa probable parcimonie, qui a été dûment établie[31], mais à son sens de l'économie bien réglée. Cette recommandation de l'équilibre en matière de finances et de dettes pourrait être l'une des leçons de ce chapitre vacillant, sans cesse sur le point de rompre, ou de glisser vers un autre sujet. Juste avant, le glissement de la barque sur l'eau, puis la course des coches les plus fantaisistes dans la Rome de l'Antiquité ; juste après, les profus jeux du cirque et une réflexion désabusée sur le cours de l'histoire universelle, le tout précédant la chute abrupte, au Mexique et au Pérou, des empires du Nouveau Monde. Dans l'intervalle, se dessine un moment d'équilibre économique précaire fondé sur des exemples antiques, et confirmé par l'exemple de Cyrus contre Crésus et de Philippe de Macédoine juge de son fils Alexandre (l. 248-281 et l. 293-298).

L'équilibre précaire est bientôt rompu par le cours accéléré d'une histoire désastreuse, qui glisse vers une fin précipitée. Cependant, le pronom « je » s'efface, ou plutôt il change de nature, Montaigne ne parlant plus de lui-même ni de son ventre, comme il avait commencé à le faire au début du chapitre. La présence de la première personne, tantôt « je » et tantôt « nous », se fait désormais plus discrète, du moins sur le plan personnel et physique, prêtant au locuteur non plus le statut de sujet et d'objet du discours, mais tour à tour de témoin, d'« historien », au sens étymologique, et bientôt d'accusateur, dans le procès qu'il instruit contre la conquête du Nouveau Monde et ses funestes agents. Le « je » cesse d'être central, comme il l'est souvent dans les divers chapitres du livre III des *Essais*, ou plutôt il n'est plus là que pour prendre à témoin le lecteur et accuser à la face du monde les conquérants espagnols.

On ne saurait trop insister sur le bref passage que « Des coches » consacre à l'économie et sur l'équilibre précaire qu'il introduit avant le dévalement de la seconde moitié du chapitre, fenêtre étroite sans doute, mais d'autant plus significative. En d'autres termes, on observe au cours du chapitre la transformation du statut de la première personne, d'un "je" souffrant à un « je » argumentant, et d'un « je » troublé à un « je » accusateur prononçant implacablement son verdict. La première personne est bien présente dans la partie intermédiaire, mais le « je » singulier s'y dissimule sous le pluriel du « nous ». Le spectacle des jeux

31 Voir Roger Trinquet, *La jeunesse de Montaigne. Ses origines familiales, son enfance et ses études*, Paris, Nizet, 1972.

du cirque à Rome suscite l'étonnement, puis l'émerveillement, d'une personne collective, innombrable, où le lecteur est happé en quelque sorte aux côtés du locuteur (l. 299-373).

De fait, le passage du « je » autoréflexif du début au « je » inquisitorial de la fin emprunte le détour d'un « nous » admiratif, lui-même bientôt supplanté par le « nous » dubitatif qui s'interroge, à la fin de la deuxième partie, sur le sens du monde et de l'histoire : « En ces vanitez mesme nous descouvrons combien ces siecles estoyent fertiles d'autres espris que ne sont les nostres » (l. 377-378). Le « nous » sceptique, un instant, suspend le dévalement des décennies et des siècles : « Nous nous promenons sur nos pas. Je crains que nostre cognoissance soit foible en tous sens, nous ne voyons ny gueres loin, ny guere arriere » (l. 381-384). Ce « nous » sceptique, qui va et qui vient, et qui tourne pour ainsi dire en rond, retarde le rebond où, contrastant avec la chute irréversible du monde, la voix de celui qui parle soudain s'élève, singulière, imprécatoire et prononçant son verdict. On voit que la première personne du singulier est une seule fois présente dans ce passage, exprimant le doute ou du moins la probabilité de l'incertitude : « *Je crains que* nostre cognoissance soit foible en tous sens … ». Ensuite, en revanche, l'ampleur du discours à la première personne du singulier s'enfle et s'élève à mesure qu'un autre monde, prétendument nouveau, s'écroule. La voix qui s'amplifie contraste avec la réalité qui s'affaisse et s'efface, tandis que ce réquisitoire est prononcé. Le chapitre se termine, comme on verra, par une chute abrupte, un contraste écroulé, contraste entre la grandeur passée de tout un pan du monde à peine découvert et son anéantissement présent (l. 733-742) !

IVRESSE DES RUINES DE ROME [L. 299-372]

Reprenons la parenthèse festive, dans le chapitre « Des coches », des jeux du cirque à Rome, amenée par la mention des fauves réduits sous le joug, c'est-à-dire par l'un des exemples dont Sénèque s'était servi pour ridiculiser le vain savoir des « inventeurs ». C'est ici que culmine le deuxième grand moment de l'essai, après le mal de coches et avant la destruction du Nouveau Monde, qui forme le dernier volet du triptyque.

Tout en condamnant la dépense excessive, Montaigne ne peut s'empêcher d'admirer la splendeur éphémère des spectacles anciens : « C'estoit pourtant une belle chose, d'aller faire apporter et planter en la place aus arenes une grande quantité de gros arbres tous branchus et tous verts… » (l. 299-301). Quand il compose ce chapitre, il a sous les yeux le *De amphitheatro* de Juste Lipse – « Justus Lipsius, le plus sçavant homme qui nous reste, d'un esprit tres poly et judicieux, vrayement germain à mon Turnebus », comme le qualifie élogieusement l'« Apologie de Raimond Sebond » (II, 12, p. 578), Juste Lipse le correspondant et l'ami de Montaigne, qu'il n'a sans doute jamais rencontré, mais avec lequel il s'est entretenu par écrit des années durant[32]. Au *De amphitheatro*, Montaigne a déjà emprunté plus haut le vers grec de la poétesse Corinne, rapporté par Plutarque, que Montaigne traduit après l'avoir cité : « Qu'il faut à qui en veut retirer fruict, semer de la main, non pas verser du sac » (l. 209-211), ce qu'un ajout manuscrit de l'exemplaire de Bordeaux précise encore, entre parenthèses : « Il faut espandre le grain, non pas le respandre » (l. 211). Les planches gravées du *De amphitheatro* montrent le Colisée en coupe et en plan, et les vastes amphithéâtres de Vérone et de Nîmes, déployés en double page et grand ouverts. Est représenté encore l'amphithéâtre de Titus, quand, autour de l'autel de Jupiter, se déroulaient combats de gladiateurs et joutes équestres, et sous son apparence actuelle de ruine[33]. Ce traité dialogué est une visite guidée de la Rome antique, et commence par une déploration sur les ruines de Rome, bientôt retournée en exercice d'admiration. Nicolas Florentius invite son interlocuteur, au lieu de se lamenter, à voir dans ces vestiges la présence tangible de l'antiquité vivante[34]. De sorte qu'au cours de cette promenade archéologique, la mélancolie fait place à l'enthousiasme.

Chez Montaigne, l'admiration pour les Anciens est première. Leur supériorité, dont témoignent les historiens et les poètes, relève de l'évidence. Montaigne le dit ailleurs, par exemple au début du chapitre « De la grandeur romaine » : « Je ne veus dire qu'un mot de cet argument infiny, pour montrer la simplesse de ceux qui apparient à celle-là

32 Alexandre Tarrête, « Penser la neutralité en temps de guerre civile : Bodin, Lipse, Montaigne », E. Ferrari, T. Gontier et N. Panichi (dir.), *Montaigne. Penser en temps de guerres de Religion*, *op. cit.*, p. 127-145, et plus particulièrement p. 130-133.

33 Juste Lipse, *Iusti Lipsi De Amphitheatro Liber. In quo forma ipsa Loci expressa, et ratio spectandi. Cum aeneis figuris*, Anvers, Ch. Plantin, 1584, gravure dépliante après la p. 61 : « AMPHITHEATRI INTERIOR FACIES QUALEM EAM FUISSE CUM OMNIBUS MEMBRIS SUSPICAMUR » ; entre les p. 24 et 25 : « AMPHITHEATRUM TITI ».

34 Juste Lipse, *op. cit.*, c. I, p. 11 : « Scilicet haec ipsa ruta et caesa spirant etiam Romam veterem, et velut scintillas emittunt prisci splendoris ».

les chetives grandeurs de ce temps » (II, 24, p. 686). En d'autres termes, l'Antiquité est infiniment supérieure à la modernité, laquelle est « chétive », c'est-à-dire débile et tristement maladive. À preuve les monuments de l'une et l'autre périodes, qui ne sauraient être comparés, à moins de vouloir faire honte à notre petite modernité. La Rome antique est tout particulièrement admirable, familière à Montaigne depuis son enfance, comme nous l'apprend un passage célèbre du chapitre « De la vanité » : « J'ay eu connoissance des affaires de Romme, long temps avant que je l'aye eue de ceux de ma maison. Je sçavois le Capitole et son plant, avant que je sceusse le Louvre, et le Tibre avant la Seine » (III, 9, p. 996). Dès lors, Montaigne, Juste Lipse en main, s'exclame :

> C'estoit pourtant une belle chose, d'aller faire apporter et planter en la place aus arenes une grande quantité de gros arbres, tous branchus et tous verts, representans une grande forest ombrageuse, despartie en belle symmetrie, et, le premier jour, jetter là dedans mille austruches, mille cerfs, mille sangliers et mille dains, les abandonnant à piller au peuple ; le lendemain, faire assomer en sa presence cent gros lions, cent leopards, et trois cens ours, et, pour le troisiesme jour, faire combattre à outrance trois cens pairs de gladiateurs, comme fit l'Empereur Probus (l. 299-308).

Dans le passage que l'on vient de citer, l'effet stylistique est saisissant. L'accumulation, la répétition et l'amplification engendrent une impression déstabilisante et vertigineuse. *C'estoit ... c'estoit... grande* quantité de *gros arbres, tous* branchus et *tous* verts... *grande* forêt... *mille* autruches, *mille* cerfs, *mille* sangliers et *mille* daims... *cent* gros lions, *cent* léopards et *trois cents* ours, *troisième jour ... trois cents paires* de gladiateurs, etc. Ce style accumulatif étourdit le lecteur, l'enivre sans jamais le dégoûter. Montaigne, comme on verra, s'en excuse, une fois l'ivresse retombée, mais retombe-t-elle vraiment ?

Montaigne poursuit son exercice d'admiration, en cultivant l'anaphore : « *C'estoit aussi* belle chose à voir ces grands amphitheatres encroustez de marbre au dehors, labouré d'ouvrages et statues, le dedans reluisant de plusieurs rares enrichissemens... » (l. 308-311). Pour Montaigne comme pour Juste Lipse, l'admiration est le maître mot[35]. Mais la phrase ne laisse pas d'étonner. L'alternance de formules nobles et de formules

35 Juste Lipse, *De Amphitheatro Liber*, *op. cit.*, caput primum : « Urbs diruta, non diruta : et splendidae eius ruinae ».

familières est tout à fait stupéfiante, avec ces amphithéâtres de briques ou de pierres de construction « encroûtés » de marbre. L'architecture romaine apparaît comme une volumineuse, mais savoureuse pâtisserie, ou encore comme un magnifique pâté en croûte. Le tout est splendide, délicieux, nourrissant, et ne laisse pas d'étonner et de rassasier tout à la fois. Le mot croûte, dans cette acception de revêtement, se rencontrait dans le *Journal de voyage*, à l'occasion du séjour de Montaigne à Rome, alors qu'il parcourait la voie dallée qui mène à Ostie. Les Romains, déclarait-il, « faisaient de grosses murailles de brique, et puis ils les *encroûtaient* ou de lames de marbre ou d'autre pierre blanche, ou de certain ciment ou de gros carreau enduit par-dessus. Cette *croûte*, quasi partout, a été ruinée par les ans, sur laquelle étaient les inscriptions[36] ». Croûte de marbre, croûte splendide, que le temps a érodée, arrachée, balayée et dispersée à tous vents.

Mais le spectacle des ruines de Rome n'a rien, ici, de décourageant. Le *Journal de voyage*, au contraire, insistait sur le néant actuel de Rome. Le secrétaire de Montaigne consignait avec éloquence les sentiments de son maître, déception, regret et mélancolie, ce qui engendrait un texte abondant en « bathmologies » ou échelonnements de langage :

> *Il disait qu'on ne voyait rien de Rome* que le ciel sous lequel elle avait été assise et le plan de son gîte ; *que* cette science qu'il en avait était une science abstraite et contemplative, de laquelle il n'y avait rien qui tombât sous les sens ; *que ceux qui disaient qu'on y voyait au moins les ruines de Rome en disaient trop* ; car les ruines d'une si épouvantable machine rapporteraient plus d'honneur et de révérence à sa mémoire ; ce n'était rien que son sépulcre[37].

Foin ici des échelonnements ou des degrés de langage, phénomène poétique identifié par Roland Barthes dans son autoportrait éclaté, et dont Pierre Laurens a étudié quelques exemples chez Montaigne[38]. Au lieu de nostalgiques « bathmologies », une liste guide à présent celui-ci et nourrit sa rêverie, une accumulation litanique de spectacles aussi insolites qu'éphémères, et dont ne nous parvient plus que la rumeur

36 *Journal de voyage*, éd. citée F. Garavini, p. 218 ; éd. citée F. Rigolot, p. 116.

37 *Journal de voyage*, éd. citée F. Garavini, p. 200 ; éd. citée F. Rigolot, p. 100.

38 Roland Barthes, *Roland Barthes par Roland Barthes*, Paris, Éditions du Seuil, 1975, p. 71 : « Tout discours est pris dans le jeu des degrés. On peut appeler ce jeu : *bathmologie* » ; Pierre Laurens, « Monsieur de Montaigne disait que … (bathmologies) », *Rhétorique de Montaigne*, Paris, Honoré Champion, 1985, p. 73-84.

embellie par les poètes anciens, Calpurnius, Juvénal et Martial, tour à tour cités par Juste Lipse, puis par lui-même sous une forme parfois amplifiée[39]. Cette variation sur le *Ubi sunt ?* n'a plus rien d'attristé ou de mélancolique. Libre à Montaigne de s'émerveiller.

Dans le chapitre « Des coches », l'évocation euphorique se poursuit. Après le contenu, le contenant ; une fois le spectacle décrit, reste à figurer l'enceinte de gradins qui renferme « ce grand vide », haut de soixante ou quatre-vingts rangs d'échelons, « aussi de marbre, couverts de carreaux », où pouvaient se ranger cent mille hommes, assis à l'aise (l. 315-317). L'euphorie n'est plus décelable à des retours de termes laudatifs, en constante gradation ; elle est faite de chiffres, qui tout simplement s'additionnent et se multiplient.

Nouveau degré dans l'éloge, non plus dans l'accumulation, mais dans l'effet de surprise. « Et la place du fond, où les jeux se jouaient, la faire premièrement par art, entr'ouvrir et fendre en crevasses, représentant des antres qui vomissaient les bêtes destinées au spectacle… » (l. 324-327). Le sol de cet espace immense se dérobe, pour un renouvellement du spectacle, qui à présent monte d'en bas, toujours plus foisonnant, toujours plus inattendu. On pense, et Montaigne pense peut-être aussi, aux représentations théâtrales des mystères, qui se sont données en France jusqu'au milieu du XVIe siècle, avec la gueule de l'Enfer vomissant des diablotins gesticulant, mais le déploiement du cirque romain est infiniment plus fastueux et plus saisissant.

La gradation, comme précédemment, suit un rythme non seulement ternaire, mais quaternaire, marqué par la récurrence des adverbes : *premièrement*, *secondement*, *tiercement*, *pour la quatrième façon*, le tout se concluant par cette formule lapidaire : « le dernier acte d'un seul jour ». Au total, une seule phrase remplit toute une page et se prolonge par une ample citation d'une églogue de Calpurnius, huit vers d'un seul tenant, laquelle s'achève par les chevaux de rivière, autrement dit les hippopotames, avec lesquels toute splendeur retombe. Mais aussitôt l'évocation est relancée, scandée par le retour de *Quelquefois*, *quelquefois*, *autres fois*, et par la reprise de l'indéfini *on*, marquée par le contraste des phénomènes artificiels provoqués pour le plaisir du peuple romain, vers le haut et vers le bas, fontaine jaillissant du haut d'une montagne, puis navire sombrant, dont

39 *Essais*, III, 6, éd. Jean Céard, Paris, LGF, 2001, p. 1419, notes 3 et 5 ; p. 1420, note 1 et 4 ; p. 1421, note 2.

la carène dégorge une multitude d'animaux à combattre, puis à nouveau « surgeons et filets d'eau » jaillissant à une hauteur infinie, rafraîchissant et embaumant la multitude. Deux phrases encore évoquent les voiles de pourpre tendus sur l'amphithéâtre pour protéger l'assistance du soleil, et les filets tissés d'or retenant les fauves élancés dans l'arène.

L'admiration, ou plutôt la fascination, excuse en définitive la vaine recherche dont se plaignait Sénèque et le plaisir que Montaigne a eu à parcourir et à recopier Juste Lipse :

> S'il y a quelque chose qui soit excusable en tels excez, c'est où l'invention et la nouveauté fournit d'admiration, non pas la despence. En ces vanitez mesme nous descouvrons combien ces siecles estoyent fertiles d'autres espris que ne sont les nostres (l. 374-378).

Telle est la conclusion du second moment de l'essai, et l'amorce de la transition qui conduit à la troisième partie, relative à la destruction du Nouveau Monde par les conquérants espagnols, Mexique et Pérou confondus. Ces deux phrases se suivent sans césure. L'insertion d'un alinéa, à l'initiative de Pierre Villey, est pour le moins malencontreuse. La surenchère répétitive concernant coches et jeux du cirque est suivie d'un temps d'arrêt, méditation sur le branle de l'histoire et l'instabilité des empires. L'amplification des jeux du cirque prépare sans doute la troisième partie, mais après une pause, marquée par le recours à Lucrèce, sous le signe contradictoire duquel tout ce passage est placé. En attendant, est réaffirmée, plus nettement que jamais, la supériorité des Anciens sur les Modernes, et même des Romains de la décadence sur les Européens de la Renaissance prétendue.

On voit que le « je » est évacué de toute cette évocation rêveuse du passé, ne resurgissant qu'après coup dans la dénonciation des maux qui accablent le Nouveau Monde moribond. Le pronom personnel indéfini "on" suffit à cette évocation des grandeurs de Rome, grandeurs disparues sans doute, mais demeurant à l'état de souvenirs embellis par la poésie des Anciens, laquelle est abondamment citée dans tout ce passage, qu'il s'agisse des *Églogues* de Calpurnius, des *Odes* d'Horace, des *Satires* de Juvénal ou des *Épigrammes* de Martial, sans oublier le *De natura rerum* de Lucrèce. Le pronom personnel indéfini présente l'avantage de ne pas interposer de personne précise entre le spectateur et l'objet dont on parle. Immédiatement présent au regard du lecteur, celui-ci rayonne, virtuellement vivant : « on y a faict naistre », « on y promena », « qu'on mettoit au devant du peuple ». À défaut, le pronom indéfini est remplacé par la troisième personne du pluriel : « ils faisoyent eslancer », « ils faisoient tendre », « et les avançoyent et retiroyent en un moment » (l. 356-362). Le « je » et le « nous » ne réapparaissent qu'au moment du doute sceptique, quand toute joie et tout plaisir sont irrévocablement perdus.

HALTE SCEPTIQUE [L. 374-440]

Que dire encore ? Comment préparer le bond, incroyable à première vue, depuis les anciens jeux du cirque jusqu'à des civilisations tout récemment découvertes à l'autre bout du monde et aussitôt anéanties ? Il faut s'arrêter et réfléchir un instant. Non qu'il faille observer un temps d'arrêt, comme on vient de le dire, car, ainsi que l'écrit Montaigne, « nous n'allons point, nous rôdons plutôt, et tournoyons çà et là. Nous nous promenons sur nos pas » (l. 381-383). Au lieu d'un temps arrêté, l'incessant temps humain est un mouvement incertain, en tous sens, en toutes directions, sans que la direction nouvelle soit définitive, ni même durable. Car il n'y a nulle immobilité, ni nul temps mort dans ce décours d'humaine pérégrination, comme dans le cours général de l'histoire. L'on ne sait rien, mais c'est déjà beaucoup dire. Ou plutôt, comme le suggère la maxime sceptique sur le mode interrogatif, « Que sais-je ? », que savons-nous ?, maxime dont Montaigne a fait sa devise, et qu'il a intégrée aux *Essais* : « Nous n'avons aucune communication à l'estre, par ce que toute humaine nature est tousjours au milieu entre le naistre et le mourir, ne baillant de soy qu'une obscure apparence et ombre, et une incertaine et debile opinion » (II, 12, p. 601). Du passage de l'« Apologie de Raimond Sebond » que l'on vient de citer, Claude Lévi-Strauss a tiré une sévère méditation dans *Histoire de lynx*[40]. Cette formule, écrit-il, « la plus forte peut-être qu'on puisse lire dans toute la philosophie », est celle d'un sceptique intégral[41].

« Je crains, que nostre cognoissance soit foible en tous sens : nous ne voyons ny gueres loin, ny guere arriere », écrit encore Montaigne dans

40 Claude Lévi-Strauss, *Histoire de lynx*, Paris, Plon, 1991, chapitre XVIII, « En relisant Montaigne », p. 277-291 ; *Œuvres*, Paris, Gallimard, « Bibliothèque de la Pléiade », 2008, p. 1444-1454.

41 *Ibid.*, p. 284-285 ; *Œuvres*, p. 1450.

le chapitre « Des coches » (l. 383-384). Il n'est donc rien de certain en elle, rien de certain à ce que je sais, comme je le crains. Cela entraîne une réflexion plus générale sur la méconnaissance de l'histoire qui est la nôtre. À preuve l'artillerie et l'imprimerie que la Chine a connues bien avant nous, et dont elle jouissait, nous dit Montaigne, « mille ans auparavant » pour le moins (l. 419-422). Le scepticisme s'élargit dès lors à l'ensemble des connaissances possibles : « Si nous voyions autant du monde comme nous n'en voyons pas, nous apercevrions, comme il est à croire, une perpétuelle multiplication et vicissitude de formes » (l. 422-424). C'est pourquoi sont vaines nos conclusions sur le déclin – « l'inclination », écrit Montaigne – et la décrépitude du monde, car nous les tirons de notre propre faiblesse et décadence. Il nous manque décidément le point de vue supérieur sur le monde, extérieur, bien sûr, à notre condition, celui-là seul qui nous permettrait de juger équitablement et en toute sérénité.

D'où deux remarques contradictoires tirées du *De rerum natura* de Lucrèce sur l'âge du monde, tout à la fois vieux et jeune, que Montaigne s'amuse à juxtaposer, pour mieux en faire ressortir la vanité (l. 431 et 436-440). La première remarque est tirée du livre II, vers 1150 : *Iamque adeo affecta est aetas, affectaque tellus*, « Déjà, du reste, notre époque est atteinte, et atteinte la terre ». Telle est la thèse décliniste du monde, qu'exprime d'abord Lucrèce. La seconde citation de Lucrèce, plus longue, provient du livre V du *De rerum natura*, vers 330-334, et de toute évidence, fait le pari de la jeunesse du monde, lequel n'a pas fini de grandir et de s'épanouir. C'est donc à présent la thèse optimiste qui s'impose dans ses aspects les plus variés :

> Verum, ut opinor, habet novitatem summa, recensque
> Natura est mundi, neque pridem exordia coepit :
> Quare etiam quaedam nunc artes expoliuntur,
> Nunc etiam augescunt, nunc addita navigiis sunt
> Multa.
>
> [Mais, comme je le crois, l'univers est dans sa nouveauté, et le monde est de nature récente et n'a pas depuis longtemps commencé à prendre naissance. De là vient que certains arts se développent encore aujourd'hui et se perfectionnent encore, qu'aujourd'hui beaucoup d'agrès s'ajoutent aux bateaux].

Sur ce, sans transition, Montaigne enchaîne brusquement sur la découverte du Nouveau Monde, ou plutôt d'*un* nouveau monde, car rien ne nous dit que ce soit le dernier ni même, bien sûr, le seul. En quelque sorte, la seconde citation de Lucrèce a fourni la transition. Puisque l'univers croît selon toute apparence, il n'est pas étonnant que notre monde vienne d'en trouver un autre, et qui sait ? s'apprête à en trouver d'autres encore. Rien d'impossible à cette croissance exponentielle, rien, sauf, bien sûr, comme on va le constater très vite, une irréversible chute, due aux travers ou plutôt aux crimes des conquérants.

Les deux citations contradictoires de Lucrèce, décliniste et progressiste, délivrent en quelque sorte un paradoxe : croissance ou déclin du monde, ou plutôt les deux tout à la fois, avec la même probabilité, c'est-à-dire une probabilité très incertaine. Pour Montaigne, le terme de progrès n'est évidemment pas de mise, et de toute façon hors-jeu, anachronique pour le moins. La fin du XVIe siècle, alors que les guerres civiles se prolongent et s'aggravent, est ressentie généralement par les contemporains comme une période de déclin. À preuve Agrippa d'Aubigné ou déjà Du Bartas[42], et encore Montaigne parfois. Elle ne se résout heureusement qu'après le tardif retour à la paix, et le rétablissement d'un calme précaire.

DÉTOUR OBLIQUE 1 : DES « CANNIBALES » AUX « COCHES » [L. 448-742]

Troisième section du chapitre « Des coches », la plus étendue et la plus célèbre, la découverte et la destruction presque immédiate du Nouveau Monde, ou plus exactement, comme on vient de le dire, d'*un* nouveau monde. Il a déjà été question de ce « monde nouveau » dans les *Essais*, notamment au livre I, chapitre 31, « Des Cannibales ». Montaigne y amorçait sa réflexion sur « cet autre monde qui a esté descouvert en nostre siecle ». Il énonçait tout d'abord ce constat : « J'ay peur que nous avons les yeux plus grands que le ventre, et plus de curiosité, que nous n'avons de capacité » (I, 31, p. 203). Une peur subjective ou plutôt un constat : la peur n'entraîne pas le doute, ni l'hypothèse, mais la certitude, que traduit l'indicatif : « J'ai peur que nous *avons* … ». Cette remarque,

42 Voir Frank Lestringant, *La Quinzaine Du Bartas. Lire* La Sepmaine, La Seconde Semaine *et* Les Suittes, Paris, Classiques Garnier, « Géographies du monde », 2021, p. 194-195.

exprimée sur le mode familier, et partant d'un dicton, aboutissait un peu plus loin à une paraphrase de l'Ecclésiaste : « Nous embrassons tout, mais nous n'étreignons que du vent[43] ». Constat désabusé qui aboutissait à cette « révolution sociologique » si chère à Roger Caillois : le Cannibale, ou supposé tel, dit la simple vérité, là où nous sommes dans l'illusion et le préjugé bien ancré[44].

De ce Nouveau Monde – mais de quel Nouveau Monde ? – il est question derechef dans l'ample « Apologie de Raimond Sebond » : « Ceux qui reviennent de ce monde nouveau, qui a esté descouvert du temps de nos peres par les Espaignols, nous peuvent tesmoigner combien ces nations, sans magistrat et sans loy, vivent plus legitimement et plus regléement que les nostres, où il y a plus d'officiers et de loix, qu'il n'y a d'autres hommes, et qu'il n'y a d'actions » (II, 12, p. 497). Une trentaine de pages plus loin dans l'édition Villey, ce monde nouveau s'éparpille en « *ces nouvelles terres* que nos pères ont découvert ». Le passage mérite d'être cité en entier :

> Or, s'il y a plusieurs mondes, comme Democritus, Epicurus et presque toute la philosophie a pensé, que sçavons nous si les principes et les regles de cettuy cy touchent pareillement les autres ? Ils ont à l'avanture autre visage et autre police. Epicurus les imagine ou semblables ou dissemblables. Nous voyons en ce monde une infinie difference et varieté pour la seule distance des lieux. Ny le bled, ni le vin se voit, ny aucun de nos animaux en ces nouvelles terres que nos peres ont descouvert : tout y est divers (II, 12, p. 525).

« Ces nouvelles terres » ne sont que l'écho de la pluralité des mondes, hypothèse que « presque toute la philosophie a pensée », au dire de Montaigne, et qu'il reprend, huit ans plus tard, non sans un soupçon d'ironie, dans le chapitre « Des coches » :

> Nostre monde vient d'en trouver un autre (et qui nous respond si c'est le dernier de ses freres, puis que les Daemons, les Sybilles, et nous, avons ignoré cettuy-ci jusqu'asture ?) non moins grand, plain et membru que luy… (l. 448-451).

Même des voix inspirées – mais le furent-elles vraiment ? car il y a bien lieu d'en douter – comme celles des démons et des sibylles, n'ont rien

43 D'après Ecclésiaste, 1, 14.

44 Roger Caillois, préface à Montesquieu, *Œuvres complètes*, Paris, Gallimard, « Bibliothèque de la Pléiade », 1947, t. I, p. v.

prédit du seul Nouveau Monde que nous connaissions encore. Quant aux autres mondes, qu'il reste à trouver, que dire d'eux et de leur existence possible ? Fontenelle, un siècle plus tard, leur donnera corps, non sans élégance, dans ses *Entretiens sur la pluralité des mondes*[45].

Le début de cette dernière partie du chapitre « Des coches » est abrupt, à la marge, sans alinéa, du moins dans les éditions anciennes, juste après la citation latine de cinq vers de Lucrèce. Ce début soudain, sans transition, a tout pour surprendre et pour étonner. Tout se passe comme s'il s'agissait d'une découverte survenue l'instant d'avant. Le passé proche, le passé récent vient brusquement interrompre les propositions générales situées hors temps, hors sol, hors socle. Quelque chose d'inattendu démarre à ce moment-là, une route s'ouvre, un avenir prévisible s'annonce, bientôt interrompu. En français, dans la langue commune, celle de tous les jours, et dans celle du seizième siècle aussi bien que dans celle d'aujourd'hui, le passé proche comme le futur proche se pensent en termes d'espace, de route à suivre ou à emprunter. Venir, aller, ces auxiliaires de mouvement sont indissociables d'un espace pratiqué : je viens de, je vais faire, etc. D'où l'amorce de cette section du chapitre « Des coches » : « Notre monde *vient d'en* trouver un autre… ». Ce passé proche relève du paradoxe, comme si le temps, brusquement, se comprimait : dans le chapitre « Des Cannibales » comme dans l'« Apologie de Raimond Sebond » déjà citée, l'écart entre la découverte et nous était au moins d'une génération. Montaigne parlait d'une découverte faite « en notre siècle », puis de « ce monde nouveau, qui a été découvert du temps de nos pères », et enfin de « ces nouvelles terres que nos pères ont découvertes ». Or voici que soudain, dans ce chapitre ajouté en 1588, presque cent ans après le voyage inaugural de Colomb, ce monde *vient d'être découvert*. Il n'est plus question de siècle ou de génération, mais d'un passé immédiat.

L'histoire se pense en termes de route, de mouvement amorcé, continué, amplifié, puis interrompu. L'on n'est plus ici dans le suspens dubitatif, dans le doute sceptique face à toutes choses, devant le spectacle infiniment divers et mouvant du monde, mais nous voilà soudain embarqués, pris, emportés vers une fin longtemps imprévisible et tout à coup avérée, abrupte. Le suspens dubitatif se déploie dans le mouvement irréversible et linéaire de l'histoire humaine. L'interrogation sur la pluralité des

45 Paris, 1686.

mondes, fort plaisante et délibérément ironique – « et qui nous répond si c'est le dernier de ses frères ? », se demande un instant Montaigne, qui cite à l'appui de ses dires les démons et les sibylles, de bien faibles autorités en vérité, des autorités tout à fait vaines et condamnables –, se referme, ou plutôt se resserre, sur une fuite linéaire accélérée.

Revenons un instant encore sur cette question intentionnellement ironique. Cette question est en fait la reprise, teintée d'une franche ironie, d'une question similaire au début du chapitre « Des Cannibales » : « Cette descouverte d'un païs infini semble estre de consideration. Je ne sçay si je me puis respondre que il ne s'en face à l'advenir quelqu'autre, tant de personnages plus grands que nous ayans esté trompez en cette-cy » (I, 31, p. 203). Et d'ajouter, à titre de commentaire réflexif, ce propos déjà évoqué : « J'ay peur que nous avons les yeux plus grands que le ventre, et plus de curiosité que nous n'avons de capacité. Nous embrassons tout, mais nous n'étreignons que du vent » (*ibid.*). Constat sceptique, constat réservé, qui amène l'auteur à douter des grands auteurs de l'Antiquité, qui n'ont pu tout voir et savoir, en dépit de leur excellence. Précisons que, dans le chapitre « Des Cannibales », le mouvement du monde et des continents se situe juste avant l'évocation des dunes mouvantes du Médoc, « le long de la mer », qui gagnent pays et engloutissent toute culture. De « grandes montjoies d'arènes mouvantes », c'est-à-dire de grandes dunes mobiles de sable, ou plutôt des monceaux volatiles et vivants, marchent une demi-lieue devant la mer et gagnent pays, si bien que les champs fertiles se muent en maigres pacages (I, 31, p. 204). Le monde, en totalité et en détail, se déplace, bouge, à petite et à grande échelle. C'est une erreur que de penser à un monde fixe et achevé, arrêté en définitive, et définitivement stable !

Ce mouvement, tel qu'on vient de le décrire, est, dans le chapitre « Des coches », non pas uniforme, mais impérieux, prolongé et irréversible. C'est comme une vague qui s'abat d'une seule venue, sans pauses ni gloses, sans césures ni reprises, mais avec de violents rebonds.

L'exemplaire de Bordeaux est révélateur à cet égard. Alors que la partie centrale du chapitre « Des coches » est truffée de compléments manuscrits et d'ajouts autographes proliférants, la fin demeure pratiquement sans ajout, à part quelques corrections ponctuelles, restreintes à un mot ou à un signe de ponctuation : *devoyent* est remplacé par *cedoient*, *nobles* par *fameux*, *autant* par *aussi*, etc. Quelques brèves retouches viennent compléter ou corriger la première rédaction : par exemple, les Indiens ne sont plus armés seulement d'arcs, de pierres et de bâtons, mais aussi de *boucliers de bois* ; la cruauté des Espagnols est qualifiée de *honteuse* et non plus de *vaine*. Plus loin les *Rois d'Espaigne* se réduisent à des *Rois de Castille*, qu'ils sont aussi et d'abord, plus modestement et bien évidemment. L'architecture des ponts et chaussées n'est pas en reste. L'immense chemin pavé des Incas à travers les Andes est *revestu*, et non plus *garny*, de côté et d'autre, de belles et hautes murailles.

La modification la plus étendue est relative à l'agonie de Cuauhtémoc, empereur du Mexique, et d'un des plus grands seigneurs de sa cour, cuits l'un et l'autre à petit feu par les conquérants pour leur faire avouer où étaient cachés leurs trésors. Le seigneur à l'agonie s'adresse à l'empereur : « comme pour luy demander congé, de dire ce qu'il en sçavoit, pour se redimer de cette peine insupportable ». Montaigne a d'abord corrigé d'un trait de plume le mot *redimer*, remplacé par *racheter*, biffé à son tour, ainsi que toute cette fin de phrase, qui devient, simplifiée : « comme pour luy demander merci de ce qu'il n'en pouvoit plus » (l. 627-628).

Une des corrections les plus significatives apparaît à la toute dernière ligne, dans l'ultime proposition, où le verbe est remplacé. La formule « l'alla saisir au corps, et *le porta* par terre », devient « *et l'avalla par terre* » (l. 741-742). Cette substitution de mot rend la chute moins heurtée, plus coulante et de toute manière définitive. Rien n'interdit de penser à l'avalage ou à l'avalasse, autrement dit à la chute précipitée et à l'engloutissement par quoi tout dévale et s'achève.

L'on ne peut exclure non plus, à propos d'avalage, l'anthropophagie des conquérants, qui, à l'occasion, nous dit Montaigne, « se sont entremangés entre eux », une fois englouties, par eux ou par les mers, les fabuleuses richesses du Nouveau Monde (l. 664)[46]. Nous reviendrons sur ce point.

Toute la fin du chapitre « Des coches », soit plus d'un tiers de l'ensemble, sept pages contre dix, est d'un seul tenant, sans interruption ni divergence de source, et sans le moindre complément interstitiel. La légère ironie du début s'estompe bien vite pour céder la place à l'indignation, voire à la colère. La source principale de Montaigne est la *Historia general de las Indias* ou *Histoire générale des Indes* de l'historien espagnol Francisco Lopez

---

46 Sur le cannibalisme des conquistadors, voir Frank Lestringant, *Une sainte horreur ou le voyage en Eucharistie*, Genève, Droz, « Titre courant », 2012, ch. VII, « Crépuscule des Cannibales : l'Amérique des De Bry », p. 280-282 : « L'Espagnol cannibale ».

de Gomara, le chapelain et secrétaire du conquistador Hernan Cortès dans les dernières années de la vie de celui-ci. Elle fut partiellement traduite en français par Martin Fumée, au fil de diverses éditions successives, que Montaigne a pu consulter[47]. S'y mêle sans doute le souvenir de la *Très brève relation de la destruction des Indes* de Bartolomé de Las Casas, description désolante, atterrante même, du génocide perpétré par les Espagnols dans les diverses contrées d'Amérique, depuis le Mexique jusqu'au Pérou et à l'Argentine[48]. Montaigne résume ou plutôt juxtapose de façon expressive des fragments qu'il coupe, qu'il abrège, qu'il laisse sans conclusion, ou plutôt dont la conclusion est retenue, implicite et brutale. L'anéantissement du Nouveau Monde se résume dans une parenthèse du chapitre « Du démentir », l'un des derniers du livre II des *Essais*, parenthèse pessimiste qui conclut à l'abolition de la mémoire des lieux :

> Certaines nations des nouvelles Indes (on n'a que faire d'en remarquer les noms, ils ne sont plus ; car jusques à l'entier abolissement des noms et ancienne cognoissance des lieux s'est estandue la desolation de cette conqueste, d'un merveilleux exemple et inouy) offroyent à leurs Dieux du sang humain, mais non autre que tiré de leur langue et oreilles, pour expiation du peché de la mensonge, tant ouye que prononcée (II, 18, p. 667).

Comme on le voit, la cruauté des Amérindiens s'y restreint à des auto-sacrifices très partiels, châtiment bien léger au regard de la boucherie générale dont ils furent bientôt victimes.

UN PARCOURS DESCENDANT [L. 448-742]

Tentons de décrire le mouvement de cette dernière partie, presque continument jusqu'à la fin. D'abord vient un doute et surgissent des questions non résolues. Quel âge a ce Nouveau Monde ? Est-ce bien un monde enfant, « si enfant qu'on luy aprend encore son a, b, c » (l. 452) ? On retrouve ici l'écho du chapitre « Des Cannibales », où Montaigne déployait à loisir la « formule négative », constitutive de l'utopie primitiviste[49] :

---

47 Francisco Lopez de Gomara, *Histoire generale des Indes Occidentales*, trad. Martin Fumée, Paris, M. Sonnius, 1587, f. 234-235 v°.

48 Voir Géralde Nakam, *Les Essais de Montaigne, miroir et procès de leur temps*, Paris, Nizet, 1984, p. 329-351.

49 Sur la « formule négative », figure obligée du discours primitiviste, voir Harry Levin, *The Myth of the Golden Age in the Renaissance*, Londres, Faber & Faber, 1970, p. 11 ; Gérard Defaux, *Marot, Rabelais, Montaigne : l'écriture comme présence*, Paris, Champion, 1987,

> C'est une nation, diroy-je à Platon, en laquelle il n'y a aucune espece de trafique, nulle cognoissance de lettres, nulle science de nombres, nul nom de magistrat, ny de superiorité politique, nul usage de service, de richesse, ou de pauvreté, nuls contrats, nulles successions, nuls partages, nulles occupations qu'oysives, nul respect de parenté, que commun, nuls vestemens, nulle agriculture, nul metal, nul usage de vin ou de bled. Les paroles mesmes, qui signifient le mensonge, la trahison, la dissimulation, l'avarice, l'envie, la detraction, le pardon, inouies. Combien trouveroit il la republique qu'il a imaginée, esloignée de cette perfection (I, 31, p. 206-207)[50].

La « formule négative », c'est-à-dire la reprise lancinante de la négation, au fil d'une liste de termes brefs, accumulés, sans fin, est beaucoup plus succincte dans le chapitre « Des coches » et se réduit à un résumé du passage précédent, six ou sept termes à la suite, au lieu de quinze, et, de surcroît, des termes en majorité monosyllabiques : « il n'y a pas cinquante ans qu'il ne sçavoit ny lettres, ny pois, ny mesure, ny vestemens, ny bleds, ny vignes » (l. 452-454). Mais cette reprise, avec le même effet de style répétitif, de style litanique, montre que la dimension primitiviste reste sous-jacente à ce Nouveau Monde trouvé hier. Montaigne cependant raccourcit l'histoire de l'Amérique, Aztèques et Incas compris, à une cinquantaine d'années à peine, ce qui est peu, comparé à l'Ancien Monde, dont l'âge, selon ce qu'on estime à l'époque, est de cinq mille ans.

On pourrait accomplir un vaste détour par la formule négative dans les *Essais*, plusieurs fois présente par exemple dans l'« Apologie de Raimond Sebond », tout d'abord dans un ajout manuscrit en marge sur l'exemplaire de Bordeaux :

> Ce qu'on nous dict de ceux du Bresil qu'ils ne mouroyent que de vieillesse, et qu'on attribue à la serenité et tranquillité de leur air, je l'attribue plustost à la tranquillité et serenité de leur ame, deschargée de toute passion et pensée et occupation tendue ou desplaisante, comme gents qui passoyent leur vie en une admirable simplicité et ignorance, sans lettres, sans loy, sans roy, sans relligion quelconque (II, 12, p. 491).

Le retour de « sans », quatre fois asséné, stabilise la phrase, et l'arrête en définitive sur le tranquille bonheur des Cannibales insouciants du Brésil.

---

p. 172 ; Christian Marouby, *Utopie et primitivisme. Essai sur l'imaginaire anthropologique à l'âge classique*, Paris, Éditions du Seuil, 1990, p. 113-126 : « Rhétorique de la négativité ».

50 Je rectifie la ponctuation en fonction de l'exemplaire de Bordeaux.

Contraste souligné plus loin, dans un passage déjà cité plus haut, entre nos sociétés prétendument policées et les libres nations de la nature, contraste qui se résout en une vaine prolifération de lois inutiles : « ces nations, sans magistrat et sans loy, vivent plus legitimement et plus regléement que les nostres, où il y a plus d'officiers et de loix, qu'il n'y a d'autres hommes, et qu'il n'y a d'actions » (II, 12, p. 497). Mais le passage le plus extraordinaire se situe bien en amont, vers le tout début de l'« Apologie » :

> J'ay veu autrefois parmy nous, des hommes amenez par mer de lointain pays, desquels parce que nous n'entendions aucunement le langage, et que leur façon au demeurant et leur contenance, et leurs vestemens estoient du tout esloignez des nostres, qui de nous ne les estimoit et sauvages et brutes ? qui n'attribuoit à stupidité et à bestise, de les voir muets, ignorans la langue Françoise, ignorans nos baisemains, et nos inclinations serpentées, nostre port et nostre maintien, sur lequel, sans faillir, doit prendre son patron la nature humaine (II, 12, p. 467).

De même que la langue française et nos baisemains, nos « inclinations serpentées », en d'autres termes nos révérences compliquées, qui nous obligent à nous contorsionner face à autrui, pareils à des reptiles tentateurs, enveloppants et veules, ces inclinations serpentées qui sont les nôtres seraient un gage de civilisation humaine, voire de distinction supérieure. Bien plus, sans elles, il n'est pas d'homme qui vaille. Témoignage, s'il en était besoin, de la vanité humaine, que cette période oratoire fortement ironique, qui aboutit à la conclusion : « Tout ce qui nous semble estrange, nous le condamnons, et ce que nous n'entendons pas : comme il nous advient au jugement que nous faisons des bestes » (p. 467). La formule négative, fortement teintée d'humour sombre, se déploie ici sur toute une longue phrase, répétant *ignorans*, *ignorans*, pour stigmatiser l'inculture prétendue des autres, et assénant au contraire la fierté de notre conduite, martelant à dessein « *notre* port et *notre* maintien », le possessif d'appartenance clamant l'arrogance pour le moins stupide de notre attitude.

Revenons au chapitre « Des coches » et à la brève histoire du Nouveau Monde, comme on l'estime à l'époque. Montaigne enchaîne, rappelant pour mémoire le poète latin Lucrèce, dont il a cité un peu plus haut deux passages en flagrante contradiction l'un avec l'autre. C'est, bien sûr, au second passage qu'il fait allusion :

> Si nous concluons bien de nostre fin, et ce Poëte de la jeunesse de son siecle, cet autre monde ne faira qu'entrer en lumiere, quand le nostre en sortira. L'univers tombera en paralisie : l'un membre sera perclus, l'autre en vigueur (l. 455-459).

L'idée, qu'a expliquée Jean Céard dans son édition des *Essais*, est celle d'un équilibre des parties du monde entre elles. Conformément à la cosmologie du Pseudo-Aristote, *Du monde*, le monde marie les contraires selon un principe général d'équilibre, de sorte que « tout déclin est compensé par une naissance, toute naissance contrebalancée par un déclin[51] ». Le problème est que l'Ancien Monde, dans sa rapacité, n'a pas laissé le Nouveau parvenir à maturité. Le processus a été interrompu avant terme : « Bien crains-je, ajoute Montaigne, que nous aurons bien fort hasté sa declinaison et sa ruyne, par nostre contagion, et que nous luy aurons bien cher vendu nos opinions et nos arts » (l. 459-462). La « contagion » du Nouveau Monde par l'Ancien, c'est tout simplement le contact de l'un par l'autre, contact aux effets immédiatement dévastateurs, comme la suite le montrera. De quelle manière faut-il, ou aurait-il fallu, éduquer ce Nouveau Monde enfant ? Non pas en le fouettant de verges, comme l'ont fait les conquistadors espagnols, mais par la douceur. On retrouve là les principes pédagogiques évoqués à loisir par Montaigne, en particulier dans le chapitre « De l'institution des enfans » (I, 26, p. 145-177). Preuve de la clarté d'esprit naturelle de ses habitants, leurs réponses mesurées, dont on aura un exemple un peu plus loin.

La magnificence des villes de Cuzco et de Mexico nous montre qu'ils ne nous cédaient aucunement en « industrie », c'est-à-dire en techniques et en arts. Montaigne, d'après Lopez de Gomara, qualifie cette magnificence d'« épouvantable » (l. 468). La splendeur de ces villes suscite non seulement l'admiration, mais l'épouvante. L'épouvante laisse le spectateur stupéfait, bouche bée, interdit. Il y a quelque chose de surhumain, d'inhumain même, dans ces cités de rêve. À preuve le jardin de ce roi, autrement dit de l'empereur aztèque, où tout était en or, arbres, fruits, herbes, et son cabinet, où tous les animaux qui naissaient en son état et dans ses mers étaient figurés de même. Non seulement les habitants de l'Amérique ne nous cédaient en rien en « industrie », c'est-à-dire en

---

51 Montaigne, *Les Essais*, éd. Jean Céard *et alii*, Paris, LGF, 2001, p. 1423, note 6. Montaigne utilise manifestement *Du monde*, chapitre v.

productions artisanales et artistiques, mais ils l'emportaient sur nous en qualités morales, et c'est ce qui les a trahis. « Ils se sont perdus par cet avantage, et vendus, et trahis eux-mêmes » (l. 478-479). La surenchère, ou plutôt le renchérissement, associé au paradoxe : « ils se sont perdus par cet avantage », est marquée par la reprise de la conjonction de coordination « et », deux fois exprimée, et enfin par la gradation des verbes, qui traduisent la perte, la vente et enfin la trahison. Mais perte, vente et trahison ne s'appliquent qu'à eux-mêmes, de sorte que le reproche adressé aux Amérindiens se retourne en fait contre leurs adversaires venus d'Europe.

Selon Daniel Ménager, on saisit là, sur le vif, les contradictions où Montaigne se débat. « Sa raison lui ordonne de condamner ces gaspillages insensés de l'argent public. Son besoin d'être étonné et son goût de la grandeur lui suggèrent d'absoudre les excès des empereurs romains », non seulement de la décadence, mais de l'apogée de l'empire[52]. *Panem et circenses*, « du pain et des jeux », conclut Ménager, qui se demande toutefois ce que La Boétie, l'auteur du *Discours de la servitude volontaire*, aurait pensé d'une telle concession à la manière de gouverner des tyrans[53]. Même chose en ce qui concerne le Nouveau Monde, où toutes les richesses étaient exposées au regard de tous, où l'or en particulier était exhibé, étalé sur la façade des bâtiments, visible de tout un chacun. De sorte qu'entre assaillants et assaillis le contraste est total. Loin de faire la part des choses, Montaigne charge les conquérants au bénéfice des vaincus. D'un côté, « ruses et batelages » sans nombre, destinés à « piper » et à tromper l'adversaire, de l'autre, hardiesse, courage, fermeté, constance, résolution contre les douleurs et la faim et la mort (l. 479-486).

À cela s'ajoute la disparité des armes, méconnaissance des armes à feu et du fer de la part des Indiens, lances de bois dérisoires contre armures de métal. L'« industrie » raffinée des Mexicains s'exprime dans leur joaillerie, leurs tissages, leurs peintures et leurs tableaux de plumes. L'expression de « peuples nuds » n'est pourtant pas déplacée (l. 501). Pour désigner les Indiens affrontés aux Espagnols cuirassés et armés de pied en cap, ces peuples nus sont des peuples sans armes, ou armés si légèrement que leur force est impuissante face aux Espagnols « garnis

52 Daniel Ménager, *Montaigne et la « culture de l'âme »*, Paris, Classiques Garnier, 2020, p. 67-68.

53 *Ibid.*, p. 68.

d'une peau luysante et dure et d'une arme trenchante et resplendissante », implacables guerriers de l'âge du fer. Montaigne apporte toutefois au tableau une nuance, lorsqu'il précise : « si ce n'est où l'invention estoit arrivée de quelque tissu de cotton ». Mais il ajoute aussitôt cette correction restrictive : « sans autres armes pour le plus que d'arcs, pierres, bastons et boucliers de bois » (l. 502-504).

D'où l'exclamation hyperbolique qui fait se rencontrer l'Antiquité et le Nouveau Monde, le lointain dans le temps et le lointain dans l'espace :

> Que n'est tombée soubs Alexandre ou soubs ces anciens Grecs et Romains une si noble conqueste, et une si grande mutation et alteration de tant d'empires et de peuples soubs des mains qui eussent doucement poly et defriché ce qu'il y avoit de sauvage, et eussent conforté et promeu les bonnes semences que nature y avoit produit, meslant non seulement à la culture des terres et ornement des villes les arts de deçà, en tant qu'elles y eussent esté necessaires, mais aussi meslant les vertus Grecques et Romaines aux originelles du pays (l. 520-528) !

Le nom d'Alexandre le Grand, le valeureux conquérant du monde antique, est décisif. Le surgissement ici de deux traités de Plutarque, *De la fortune ou vertu d'Alexandre*, et la *Vie d'Alexandre le grand*, auxquels Montaigne se réfère implicitement, est loin d'être anodin[54]. C'est la qualité principale de la politique d'Alexandre dans les pays assujettis et l'argument central du premier traité que d'avoir su marier les qualités du conquérant aux qualités du conquis. Le regret de Montaigne se nourrit de la lecture de Plutarque et ouvre le cours des choses sur une histoire virtuelle ou latérale, voie alternative conduisant à un dénouement heureux. L'histoire de la conquête aurait pu être toute différente de ce qu'elle a été, et s'achever, non par la désolation, mais dans un mariage harmonieux et fécond.

Avec le recul de près d'un siècle, la conquête de l'Amérique a pris les dimensions d'un cataclysme : peuples anéantis, brillantes civilisations à jamais détruites, tout un continent ravagé, du nord au sud et d'est en ouest. Ce cataclysme, dont les causes sont tout humaines, constitue l'un des grands scandales de l'histoire. Une série d'exclamatives indignées, renforcées par l'anaphore *que*, « quelle », « quel », « que », « qui » :

54 Isabelle Konstantinovic, *Montaigne et Plutarque*, Genève, Droz, 1989, p. 476. Référence est faite au traité *De la fortune ou vertu d'Alexandre*, f. 309 D-310 D, et à la *Vie d'Alexandre le Grand*, f° 482 BC.

« *Que* n'est tombée... soubs des mains *qui* eussent... », « *Que*lle réparation eût-ce été, et *que*l amendement à toute cette machine, *que* les premiers exemples... », « *Com*bien il eût été aisé... », « *Qui* mit jamais à tel prix... », fait passer par degrés du regret à l'indignation et au cri de révolte. Montaigne souligne, en une énumération vertigineuse, la disproportion entre les moyens et les fins :

> Qui mit jamais à tel pris le service de la mercadence et de la trafique ? Tant de villes rasées, tant de nations exterminées, tant de millions de peuples passez au fil de l'épée, et la plus riche et belle partie du monde bouleversée pour la negotiation des perles et du poivre : mechaniques victoires. Jamais l'ambition, jamais les inimitiez publiques ne pousserent les hommes les uns contre les autres à si horribles hostilitez et calamitez si miserables (l. 539-546).

L'anaphore trois fois répétée, *tant de...*, *tant de...*, *tant de...*, prépare la chute irréversible et lamentable : « mécaniques victoires », machinales victoires, ou plutôt viles victoires, pourrait-on traduire. Un mécanique est au sens propre un travailleur manuel. Les arts mécaniques sont les arts qui ne demandent que l'office du corps, de la main, pour être appris et exercés, par opposition aux arts libéraux, selon Littré. Les actions mécaniques, toujours selon la même source, « sont celles auxquelles l'intelligence n'a point de part[55] ». Or la loi d'airain du capitalisme marchand, la course aux métaux précieux, l'exploitation sans limite des populations indigènes sont responsables d'une catastrophe sans précédent.

Ici une pause, ou du moins une accalmie. L'accumulation d'horreurs fait place à un récit des plus calmes en apparence, des plus apaisés, mais le ver est dans le fruit, et le mal se glisse insidieusement sous les apparences : « En costoyant la mer à la queste de leurs *mines*, aucuns Espagnols prindrent terre... » (l. 547-548). Le mot fatal de *mines*, simple monosyllabe dévastateur, laisse présager la suite. L'apaisement initial, après bien des détours, débouche sur une catastrophe effective. Cependant Montaigne suit assez précisément sa source, qui est toujours Francisco Lopez de Gomara, secrétaire de Cortès et apôtre de la Conquête.

Survient le face-à-face des conquistadors et des Indiens de terre ferme. C'est le rite juridique du *requerimiento* ou « sommation », par lequel les Espagnols sommaient par-devant notaire les Indiens de se convertir et

55 Émile Littré, *Dictionnaire de la langue française*, Paris, Gallimard-Hachette, 1971, s. v. mécanique 1.

de se soumettre[56]. Des conquérants qui la profèrent avec arrogance – une arrogance presque naïve, serait-on tenté de dire – la parole passe à leur vis-à-vis, capturée par ces « enfants » désarmés qui leur font la leçon. En empruntant à Lopez de Gomara la description de ce rite caricatural, Montaigne s'amuse, comme déjà s'amusait Gomara aux dépens des conquistadors avides et pressés[57]. Mais l'ironie est plus flagrante encore que chez Gomara, dans la mesure où la déclaration des envahisseurs est débarrassée de tout préambule comme de toute conclusion.

L'ironie du propos aboutit à une chute abrupte. Une nouvelle fois, la position relativiste de Montaigne n'exclut pas la condamnation morale, le *pathos* accompagnant le passage de l'argumentation à l'imprécation :

> La responce fut telle : Que quant à estre paisibles, ils n'en portoient pas la mine, s'ils l'estoient. Quant à leur Roy, puis qu'il demandoit, il devoit estre indigent, et necessiteux : et celuy qui luy avoit faict cette distribution, homme aymant dissention, d'aller donner à un tiers chose qui n'estoit pas sienne, pour le mettre en debat contre les anciens possesseurs : Quant aux vivres, qu'ils leur en fourniroient : D'or, ils en avoient peu, et que c'estoit chose qu'ils mettoient en nulle estime, d'autant qu'elle était inutile au service de leur vie [...]. Quant à un seul Dieu, le discours leur en avoit pleu, mais qu'ils ne vouloient changer leur religion, s'en estans si utilement servis si long temps, et qu'ils n'avoient accoustumé prendre conseil que de leurs amis et connoissans : Quant aux menasses, c'estoit signe de faute de jugement, d'aller menassant ceux, desquels la nature, et les moyens estoient inconneus. Ainsi qu'ils se despeschassent promptement de vuyder leur terre, car ils n'estoient pas accoustumez de prendre en bonne part, les honnestetez et remonstrances de gens armez, et estrangers : autrement qu'on feroit d'eux, comme de ces autres, leur montrant les testes d'aucuns hommes justiciez autour de leur ville (l. 559-582)[58].

La scansion de cette réponse est fortement marquée par la reprise des conjonctions et locutions prépositives « que » et « quant à » : « Que, quant à estre paisibles... », « Quant à leur Roy, puis qu'il demandoit... »,

---

56 Voir Marcel Bataillon, « Montaigne et les conquérants de l'or », *Studi francesi*, III, 9, sept.-déc. 1959, p. 353-367.

57 Voir Frank Lestringant, *Le Huguenot et le sauvage. L'Amérique et la controverse coloniale en France au temps des guerres de Religion*, 3e éd., Genève, Droz, 2004, chap. VIII, « La Réformation dans les canoés ou l'invention du Bon Sauvage », p. 378-388 : « Montaigne juge de la Conquista : le chapitre "Des Coches" (1588) » ; du même, *Le Brésil de Montaigne*, Paris, Éditions Chandeigne, 2005, p. 187-189.

58 D'après Francisco Lopez de Gomara, *Histoire generale des Indes occidentales*, III, XIX.

« Quant aux vivres, qu'ils leur en fourniroient… », « D'or, ils en avoient peu, et que c'estoit… », « Quant à un seul Dieu… », « Quant aux menasses… », « … qu'ils se despeschassent », « … qu'on feroit d'eux ». Réfutation méthodique, point par point, article par article, des exigences des envahisseurs, qui s'achève par un brusque renversement.

Le retournement est signifié par le spectacle des têtes de suppliciés exposées autour de leur ville. Chez Gomara, l'affaire se termine mal pour les Indiens, en l'occurrence des Indiens de la province de Zenu rencontrés par le « docteur » Enciso en 1509 et qui ont le malheur de lui résister. Pour finir, tous sont massacrés ou faits esclaves[59]. Au lieu de cet épilogue précipité, conforme à la logique sanglante de la *conquista*, Montaigne coupe, glisse une incise ironique : « Voilà un exemple de la balbucie de cette enfance », et conclut sur l'échec des Espagnols (l. 582-585). En réalité, si ces derniers ne trouvèrent point d'or, du moins firent-ils razzia d'esclaves et de nourriture.

Montaigne renvoie pour finir à l'exemple des Cannibales du Brésil : « tesmoing mes Cannibales » (l. 586). Est en cause la réponse que les Indiens opposent au discours des conquérants, sûrs de leur bon droit et cyniquement confiants dans la supériorité de leurs armes. Les Cannibales et les Indiens qu'affrontent les conquistadors ont en commun une parole libre et franche. Or la réplique des Cannibales constitue le tout dernier moment du chapitre du même nom (I, 31, p. 213-214). À la question de « quelqu'un », qu'évoque Montaigne dans ce chapitre et qui est peut-être lui-même, question qui demande ce qu'ils admirent le plus chez nous, ils répondent trois choses, dont Montaigne dit avoir oublié la troisième, qui sont trois paradoxes. Montaigne en a gardé deux en mémoire, l'un sur le fait que des hommes vigoureux, barbus et armés obéissent à un enfant – le jeune roi Charles IX, tout juste adolescent, entouré des solides Suisses de sa garde –, le second sur le fait que les pauvres, « décharnés de faim et de pauvreté », mendient à la porte des riches au lieu de les prendre à la gorge ou de mettre le feu à leur maison, libre variation sur le *Discours de la servitude volontaire* de La Boétie[60]. On voit comment

59 Francisco Lopez de Gomara, *Histoire generale des Indes Occidentales*, trad. Martin Fumée, Paris, M. Sonnius, 1587, f. 234-235 v°.

60 Voir Jean Lafond, « Le *Discours de la Servitude volontaire* de La Boétie et la rhétorique de la déclamation », *Mélanges sur la littérature de la Renaissance à la mémoire de V.L. Saulnier*, Genève, Droz, 1984, p. 735-745, et Frank Lestringant, *Le Cannibale, grandeur et décadence*, 2e édition revue et augmentée, Genève, Droz, 2016, ch. VIII, p. 166-169.

« l'admiration » attendue cède la place à la révolte et au sursaut scandalisé face aux injustices qui nous paraissent toutes naturelles.

Suivent, dans le chapitre « Des coches », les agonies jumelles d'Atahualpa, l'Inca mis à mort après son baptême, et de Cuauhtémoc, l'empereur aztèque qui succéda à Moctezuma et dont Cortès fit griller les jambes, qui rappellent celle du prisonnier « triomphant » au moment d'être abattu, dans le chapitre « Des Cannibales » : « Ceux qui les peignent mourans, et qui representent cette action quand on les assomme, ils peignent le prisonnier crachant au visage de ceux qui le tuent et leur faisant la mouë » (I, 31, p. 212). Mais rien de cette moue de défi et de haine chez les souverains aztèque et inca, rien d'un tel geste de mépris et de provocation. Dignes des princes magnanimes qu'Atahualpa et Cuauhtémoc surent être, leurs fins sont éloquentes. Elles dénoncent l'iniquité du supplice et laissent prévoir une réparation par le sang.

Nouveau trait venu du chapitre « Des Cannibales », et qui est une remarque laudative : « Aussi y a il des pertes triomphantes à l'envi des victoires » (I, 31, p. 211). Cet éloge paradoxal court de Sparte à Mexico. Les « quatre victoires sœurs », que Montaigne énumère à la suite, « les plus belles que le soleil aye onques veu de ses yeux », Salamine, Platées, Mycale et Sicile, sont incapables d'opposer « toute leur gloire ensemble » à « la gloire de la desconfiture du Roy Leonidas et des siens, au pas des Thermopyles » (I, 31, p. 211). Pourtant vaincu, Léonidas aux Thermopyles est plus triomphant que les vainqueurs de Salamine et d'ailleurs. De la même manière, les princes amérindiens défaits, comme Moctézuma, Cuauhtémoc et Atahualpa, sont plus glorieux que leurs vainqueurs prétendus ! On voit que cette leçon se transporte aisément d'un monde à l'autre, et d'un chapitre à l'autre, des « Cannibales » aux « Coches », auxquels il faut à présent revenir.

La réversibilité de la violence ne joue plus à l'intérieur de l'histoire, qui a consacré le triomphe des bourreaux. La considération de Montaigne est d'ordre plus général : rien n'est plus vain que « de chercher à fermir et appuyer nostre religion par le bon-heur et prosperité de nos entreprises » (I, 32, p. 216). Il suffit que le vent tourne et que la fortune change de camp. C'est pourquoi Montaigne ne se rallie ailleurs qu'avec précaution aux cris de victoire qui saluent la « belle bataille navale » de Lépante, que Don Juan d'Autriche, en octobre 1571, a remportée contre les Turcs. Car « il a bien pleu à Dieu en faire autre-fois voir d'autres telles à nos despens » (I, 32, p. 216).

« TUPINAMBISATION »

Introduisons ici une parenthèse sur la « tupinambisation », autrement dit le phénomène de contamination, qui étend à la totalité du continent américain des traits ethniques qui appartiennent en propre aux Indiens Tupinamba du Brésil, ceux-là mêmes dont nous parle Montaigne sous l'appellation de Cannibales, un terme qu'il n'emploie du reste qu'une seule fois dans ce chapitre I, 31, et nulle part ailleurs que dans le titre[61]. Témoigne de cette spectaculaire « tupinambisation » la collection dite des *Grands voyages* de Théodore de Bry et de ses fils, autrement dit la série des quatorze volumes illustrés de cette suite, dont la publication à Francfort s'étend sur quelque quarante ans, de 1590 à 1634. À partir de cette collection, éditée au départ en quatre langues, latin, allemand, anglais et français, l'image du Cannibale complètement nu, « emplumassé » et tonsuré, essaime jusque dans les régions les plus lointaines et les plus improbables du Nouveau Monde, Mexique, Pérou, Patagonie, Canada[62].

La « tupinambisation » que l'on discerne chez Montaigne, dans le passage des « Cannibales » aux « Coches », est discrète, mais elle n'en est pas moins réelle[63]. La « tupinambisation » des Mexicains et des Péruviens se trahit dans la jeunesse et la nudité qui sont les attributs du Nouveau Monde. Le chapitre « Des Cannibales » se concluait par cette phrase révélatrice et un tantinet ironique : « Tout cela ne va pas trop mal : mais quoy, ils ne portent point de haut de chausses » (I, 31, p. 214). L'absence de « haut de chausses », c'est-à-dire de culottes, les Indiens du Brésil ayant coutume d'aller tout nus, s'élève à présent au plan de l'allégorie. C'est désormais le « monde enfant » qui est « encore tout nud au giron » de sa mère nourrice,

61 William C. Sturtevant, « La tupinambisation des Indiens d'Amérique du Nord », *in* Gilles Thérien éd., *Les figures de l'Indien*, Montréal, Service des publications de l'Université du Québec à Montréal, 1988, p. 293-303. Du même, « First Visual Images of Native America », *in* Fredi Chiappelli éd., *First Images of America. The Impact of the New World on the Old*, Berkeley-Los Angeles, University of California Press, 1976, p. 417-454.

62 Sur cette collection publiée à Francfort par un graveur protestant originaire de Liège et ses enfants, voir Bernadette Bucher, *La Sauvage aux seins pendants*, Paris, Hermann, 1977 ; Michèle Duchet *et alii*, *L'Amérique de Théodore de Bry*, Paris, Éditions du CNRS, 1987 ; Marc Bouyer et Jean-Paul Duviols éd., *Le Théâtre du Nouveau Monde. Les Grands Voyages de Théodore de Bry*, Paris, Gallimard, « Découvertes Gallimard Albums », 1992.

63 Sur la « tupinambisation » chez Montaigne, voir Frank Lestringant, *Le Huguenot et le sauvage. L'Amérique et la controverse coloniale en France au temps des guerres de Religion*, *op. cit.*, p. 381 ; *Le Brésil de Montaigne*, *op. cit.*, « Introduction », p. 41-45.

et non plus telle ou telle de ses ethnies (l. 454-455). « Ils sont ras par tout, et se font le poil beaucoup plus nettement que nous, sans autre rasouër que de bois ou de pierre », lit-on encore dans « Des Cannibales » (I, 31, p. 208). Cette précision, glissée dans le premier chapitre américain des *Essais*, s'élargit désormais à tout un continent. La nudité originelle se retrouve chez Aztèques et Incas, aussi bien que chez les Cannibales du Brésil. Le nu est un habit, un habit négatif, pourrait-on dire, mais pas tant que cela. Le nu est plutôt un habit lisse, qui dégage le corps, et livre l'être du sauvage en son essence, tel qu'en lui-même.

Un autre chapitre des *Essais* a disserté au sujet de « De l'usage de se vestir ». Montaigne s'y interrogeait sur « la façon d'aller tout nud de ces nations dernierement trouvées », et concluait, ici et là, à la force de la coutume. « Et est aisé à voir que c'est la coustume qui nous faict impossible ce qui ne l'est pas : car, de ces nations qui n'ont aucune connoissance de vestemens, il s'en trouve d'assises environ soubs mesme ciel que le nostre » (I, 36, p. 225-226). L'édition de 1595 ajoute, au prix d'une redondance : « et soubs bien plus rude ciel que le nostre[64] ». C'est donc la coutume qui nous fait nous habiller, et non le froid ou les intempéries. Le nu est un habit comme un autre, ni plus ni moins arbitraire que les riches étoffes ou atours dont les élégants et les coquettes se parent.

Un dernier mot de « l'usage de se vestir ». Ce court chapitre se termine, après maints exemples exotiques ou surprenants, par un retour à l'Amérique, ou plutôt au Mexique, dont le roi changeait quatre fois par jour d'accoutrements, et « jamais ne les reiteroit », abandonnant sa déferre, c'est-à-dire les vêtements qu'il venait de porter, à ses continuelles libéralités et récompenses. Comme aussi, ajoute Montaigne, « ny pot, ny plat, ny ustensile de sa cuisine, et de sa table ne luy estoient servis à deux fois » (I, 36, p. 228). Mêmes remarques déjà dans les *Vrais Pourtraits et Vies des hommes illustres* d'André Thevet, ouvrage publié en 1584, quatre ans avant la première édition du livre III des *Essais* : « Expressement estoit-il defendu de reporter devant luy les plats et escuelles, qui luy avoient esté servis une fois, ains failloit les refaire et de nouveau les remettre en œuvre. Quatre fois le jour changeoit d'habillemens, sans que jamais plus il vestit ceux qu'une fois il avoit despouillés[65] ». On reviendra sur ce point.

---

64 Montaigne, *Essais*, « Bibliothèque de la Pléiade », p. 231.

65 André Thevet, *Les Vrais Pourtraits et Vies des Hommes illustres*, Paris, veuve Jacques Kerver et Guillaume Chaudière, 1584, livre VIII, ch. 142, f. 644 v°.

Or, chez Montaigne, Mexique et Pérou « tupinambisés » prennent place, on l'a dit, à l'intérieur d'un cadre « romanisé », abondamment décrit dans la deuxième partie du chapitre « Des Coches ». Les Aztèques et les Incas sont des Romains qui auraient conservé la simplicité de mœurs des Cannibales ; des peuples naturistes nichés dans une architecture colossale de portiques et d'arènes. D'où ce montage surréaliste : des peuples nus, tout juste coiffés de plumes, peuplent des épures architecturales surgies du passé, et c'est un peu le spectacle que donne à voir la série des *Grands Voyages* de Théodore de Bry. Les volumes IV à VI notamment, qui déroulent les différentes scènes de la *conquista* espagnole, depuis Colomb jusqu'à Cortès et Pizarre, montrent des nudités répandues dans des architectures monumentales et somptueuses. Ces dizaines de planches sont à leur manière des Paul Delvaux avant la lettre, mais en elles rien d'impassible, puisqu'elles accusent au contraire le déséquilibre entre les corps armés et casqués et les nudités disposées face à eux. Sans doute ces volumes illustrés ne paraissent qu'après la mort de Montaigne, de 1594 à 1596, mais ils offrent en définitive la vision, qui est déjà la sienne dans « Des coches ».

D'un tel ensemble, fantasmé plutôt que strictement historique, Montaigne garde la très forte nostalgie.

MASSACRES

Après ce détour par Romains et Cannibales, la dernière partie du chapitre reprend la litanie des massacres, en s'inspirant non seulement de Gomara, trop indulgent à l'égard des conquérants, comme le lui reproche vertement Montaigne – « nous tenons d'eux-mesmes ces narrations, car ils ne les advouent pas seulement, ils s'en ventent et les preschent » (l. 645-647) –, mais encore du dominicain Bartolomé de Las Casas, l'auteur de la *Très brève relation de la destruction des Indes*, plusieurs fois traduite en français dès cette époque[66].

Dans le chapitre « De la cruauté », Montaigne écrivait : « Les sauvage ne m'offensent pas tant de rostir et manger les corps des trespassez que ceux qui les tourmentent et persecutent vivans » (II, 11, p. 430). Et il ajoutait, rabattant sa réflexion de l'Amérique vers l'Europe et vers la

66 Voir Frank Lestringant, *Le Huguenot et le sauvage*, *op. cit.*, p. 384-388 ; *Le Brésil de Montaigne*, p. 274.

France, où il avait longtemps exercé ses fonctions de juge au parlement de Bordeaux : « Les executions mesme de la justice, pour raisonnables qu'elles soyent, je ne les puis voir d'une veuë ferme ».

Le déclin du Nouveau Monde ou plutôt la destruction du Nouveau Monde par l'Ancien était déjà évoquée par Montaigne dans « Des Cannibales », destruction et déclin entraînés par notre contact ou plutôt par notre contagion. L'exemple de la cruauté des Portugais, bien pire que celle des Cannibales, autrement dit des Tupi-Guarani, annonçait celle des Espagnols, infiniment plus cruelle que celle des Aztèques ou des Incas. Au lieu d'assommer tout bonnement leur prisonnier d'un coup de massue, les Portugais l'enterraient jusqu'à la taille, décochaient contre son torse force traits, et le pendaient ensuite. Déjà Montaigne comparait les cruautés des deux rives de l'Atlantique, et concluait ainsi : « Je ne suis pas marry que nous remerquons l'horreur barbaresque qu'il y a en une telle action, mais ouy bien dequoy, jugeans bien de leurs fautes, nous soyons si aveuglez aux nostres » (I, 31, p. 209).

« Des deux les plus puissans monarques de ce monde là, et, à l'aventure, de cettuy-ci, Roys de tant de Roys, les derniers qu'ils en chasserent… » (l. 587-589). C'est ainsi que se poursuit dans « Des coches » le récit de la destruction du Nouveau Monde. D'abord, sur le mode prosopographique, par le récit de la fin d'Atahualpa et de Cuauhtémoc, les souverains respectifs du Pérou et du Mexique, faits prisonniers par les Espagnols et par eux impitoyablement suppliciés, contre la parole donnée. Ensuite, par la liste des exactions commises par les conquérants, massacres de masse pour frapper de terreur les peuples nouvellement conquis.

Alors que Montaigne compose et publie ce chapitre, compris dans le troisième livre des *Essais*, vient de paraître la monumentale prosopographie d'André Thevet, *Les Vrais Pourtraits et Vies des hommes illustres*, un majestueux in-folio orné de centaines de planches en taille-douce, où figurent très exactement six portraits d'Amérindiens, dont ceux d'Atahualpa, ou plutôt d'« Atabalipa, roy du Peru », et de Moctézuma ou « Motzume, roy de Mexique ». Atabalipa, diadème et panache de plumes en tête, et Motzume, arborant un bouclier de plumes sur le bras droit, font fière figure, même si le premier est enchaîné, croisant stoïquement les bras par-dessus ses chaînes[67].

67 Voir F. Lestringant, *Le Huguenot et le sauvage*, *op. cit.*, p. 290 et 291.

Au début du chapitre « Des Cannibales », Montaigne ne dit pas grand bien des cosmographes, qui, pour avoir franchi l'océan, prétendent pouvoir parler de la totalité du monde. Aux cosmographes ou géographes universels il préfère délibérément les topographes, capables de faire « narration particulière » des endroits où ils ont été (I, 31, p. 205). Sa cible implicite est André Thevet, jadis aumônier de la France Antarctique du Brésil, implantée dans la baie de Rio de Janeiro, et devenu à son retour cosmographe des rois de France, à présent reconverti en prosopographe, autrement dit en auteur des *Vrais Pourtraits et Vies des hommes illustres*. Cela dit, il n'est pas impossible que Montaigne ait eu entre les mains ce volume, qui inclut pour la première fois des monarques d'Amérique dans la galerie universelle des grands de ce monde. L'une des singularités de ces figures d'Amérique est de procéder des minuscules silhouettes du *Codex Mendoza*, un codex aztèque longtemps en possession de Thevet[68]. Montaigne, s'il a eu l'ouvrage entre les mains, n'a sans doute guère prêté attention à ces détails et à ces enjolivures, ne retenant tout au plus que la figure d'Atabalipa, le « Juga », comme l'appelle Thevet, qui se fie à une mauvaise transcription, c'est-à-dire l'Inca stoïquement enchaîné. La vie du monarque indien procède des mêmes sources que chez Montaigne, à cela près que ces troupes de fantassins sont constituées d'hommes nus : « la pluspart tous nuds, autres vestus de cottons, tissu de diverses couleurs et de plumage, ayant pour toutes deffenses l'espée de bois, massues, arcs et fleches[69] ». C'est du moins ce qu'assure Thevet. On voit donc que la tupinambisation des Incas n'est pas propre à Montaigne, mais qu'elle innerve déjà les Amérindiens que l'on rencontre chez Thevet.

Bien plus : Thevet s'en prend à Girolamo Benzoni, traduit en français par Urbain Chauveton, auteur ou plutôt éditeur d'une *Histoire nouvelle du Nouveau Monde* : « ayant esté derobée cette petite histoire de François Loupés de Gomarre Espaignol[70] ». Et Thevet de dénoncer le plagiat commis au détriment d'un auteur, qui est sa propre source pour cette vie d'Atabalipa !

---

68 *Ibid.*, p. 286-289. L'identification de cette source est due à Rüdiger Joppien, « Étude de quelques portraits ethnologiques dans l'œuvre d'André Thevet », *Gazette des Beaux-Arts*, avril 1978, p. 125-136.

69 André Thevet, *Les Vrais Pourtraits et Vies des Hommes illustres*, *op. cit.*, livre VIII, ch. 141, f. 642 r°.

70 *Ibid.*, f. 643 r°. *Cf.* Girolamo Benzoni, *Histoire nouvelle du Nouveau Monde*, Genève, Eustache Vignon, 1579. Voir *Le Huguenot et le sauvage*, *op. cit.*, p. 162-166.

L'autre portrait des *Hommes illustres* dont pourrait s'être inspiré Montaigne, est celui de « Motzume, roy de Mechique », que l'on a déjà évoqué plus haut, Moctézuma qui fut le prédécesseur immédiat de Cuauhtémoc, pris et supplicié par Cortès[71]. Tout comme celui d'Atabalipa, le portrait gravé de Motzume, dans le volume de Thevet, combine des motifs empruntés au *Codex Mendoza*, tels que coiffe et bouclier rond de plumes. En fait, toute la séquence que rapporte Montaigne, et qui a trait à la mise à la question de Cuauhtémoc et de l'un « des principaux seigneurs de sa court », se trouve en détail rapporté par Thevet dans un autre chapitre des *Hommes illustres*, consacré à « Ferdinand Cortez, Espaignol[72] ». Sous la manchette « Le Roy Qualttimoc et son Secretaire gehennez », c'est-à-dire torturés, l'épisode présent dans « Des coches » est minutieusement rapporté : « Il fist prendre le Roy *Qualttimoc* et son Secretaire, et à tous deux leur fit bailler la torture, si serré qu'il n'y avoit os, nerfs, ny tendons sur leur pauvre corps, qui ne souffrist une contre-virée conversion, pensant extorquer par force reellement executée ce qu'il ne pouvoit par commandement ou par menaces[73] ». Le secrétaire fut si constant, « quoiqu'on le brûlât et fricassât cruellement à petit feu », qu'il mourut au bout de six heures entre les mains de ses bourreaux, « sans dire ni faire autre chose que se plaindre de la méchanceté des Espagnols ». Épilogue de l'affaire : « Cortez voyant ce Roy ainsi obstiné le fit oster de la geine, et ne tarda gueres plus à le faire pendre, après l'avoir quelque temps mené, lié et garroté, quand et luy par plusieurs provinces[74] ». Ainsi meurt le dernier roi de Mexico, torturé, promené attaché à travers son empire, puis pendu.

Comme on le constate, le seul élément original chez Montaigne est le reproche adressé en deux phrases par le roi du Mexique au seigneur de sa cour : « et moy, suis-je dans un bain, suis-je pas plus à mon aise que toy ? » (l. 631-632). Ces deux questions au style direct, prononcées « d'une voix rude et ferme », viennent interrompre la litanie des méfaits commis par les conquérants, bousculant le défilé d'horreurs et le relançant.

---

71 André Thevet, *Les Vrais Pourtraits*, *op. cit.*, livre VIII, ch. 142, f. 644 r°. Reproduction dans *Le Huguenot et le sauvage*, *op. cit.*, p. 291.

72 *Ibid.*, livre V, ch. 55, f. 385 r°-388 v°.

73 *Ibid.*, livre V, f. 387 v°.

74 *Ibid.*, livre V, f. 387 v°.

La litanie des massacres a donc commencé, dans le chapitre « Des coches », par le sort réservé aux monarques du Nouveau Monde, les deux « plus puissans monarques de ce monde là, et, à l'aventure, de cettuy-cy » (l. 587-588). Les princes, *principes* en latin, les « premiers » des hommes par le rang, comme le veut l'étymologie de ce nom, comparaissent tout naturellement avant les peuples qu'ils gouvernent. C'est à l'agonie du dernier Inca et du dernier Aztèque que sont consacrées deux pleines pages de cette dernière partie.

La suite des horreurs commises par les Espagnols au Nouveau Monde est beaucoup plus brève, mais non moins sidérante. Après l'agonie d'Atahualpa et de Cuauhtémoc, une seule phrase relate un massacre de masse, commis au Nouveau Monde : « À une autrefois, ils mirent brusler pour un coup, en mesme feu, quatre cens soixante hommes tous vifs, les quatre cens du commun peuple, les soixante des principaux seigneurs d'une province, prisonniers de guerre simplement » (l. 642-645).

La source pourrait être une nouvelle fois l'*Histoire générale des Indes* de Lopez de Gomara[75]. Mais Montaigne a très bien pu consulter la *Très brève relation de la destruction des Indes* de Bartolomé de Las Casas, plusieurs fois traduite en français, où de semblables massacres s'enchaînent à longueur de pages[76]. Une version latine illustrée, proprement effroyable, en sera donnée, quelques années après la mort de Montaigne, à Francfort par les héritiers de Théodore de Bry[77].

Après les faits, livrés dans toute leur brutalité, viennent les excuses et les prétendues justifications. « Nous tenons d'eux-mesmes ces narrations, car ils ne les advouent pas seulement, ils s'en ventent et les preschent » (l. 645-647). Montaigne avait d'abord écrit : « ils les preschent et publient », avant de renchérir par la vantardise prétendue des bourreaux. Il se demande ensuite, et la question n'est évidemment pas dépourvue d'ironie, si c'est là un « tesmoignage de leur justice ou zele envers la religion ». Avant de répondre, comme il se doit, par la négative, et de conclure : « Certes, ce sont voyes trop diverses et ennemies d'une si saincte fin » (l. 648-649).

75 Lopez de Gomara, *Histoire générale des Indes*, II, LXI.

76 Sur tout ceci, voir *Le Huguenot et le sauvage*, *op. cit.*, p. 361-364.

77 Voir l'introduction d'Alain Milhou à *La destruction des Indes* de Bartolomé de Las Casas, Paris, Éditions Chandeigne, 1995, p. 1-69, ainsi que l'iconographie de cette édition présentée par Jean-Paul Duviols.

La réfutation de la plaidoirie en faveur de la conquête envisage la propagation de la foi – de « nostre foy », comme l'écrit Montaigne, catholique sincère, qui ne doute pas un instant du bien-fondé des missions en terre lointaine, mais qui refuse d'admettre la violence exacerbée des Espagnols sur les peuples du Nouveau Monde qui ne les attendaient pas. La propagation de la foi est certes louable, mais à condition de préserver les populations, auxquelles on s'adresse, de l'anéantissement. « S'ils se fussent proposés d'estendre nostre foy, ils eussent considéré que ce n'est pas en possession de terres qu'elle s'amplifie, mais en possession d'hommes, et se fussent trop contentez des meurtres que la nécessité de la guerre apporte, sans y mesler indifferemment une boucherie, comme sur des bestes sauvages, universelle, autant que le fer et le feu y ont peu attaindre » (l. 649-655).

La boucherie est à peine une hyperbole, les hommes étant ramenés au rang de bêtes de boucherie, que l'on abat systématiquement, plutôt que d'être justement considérés comme des êtres à éduquer, dans le meilleur des cas comme des enfants, ainsi que les considère Montaigne.

La phrase se poursuit : « N'en ayant conservé par leur dessein qu'autant qu'ils en ont voulu faire de miserables esclaves pour l'ouvrage et service de leurs minieres », en d'autres termes, des esclaves pour l'exploitation de leurs mines (l. 655-658). La période s'achève par une proposition consécutive relative à la mise à mort des chefs, exécutés sur les lieux mêmes de leur conquête, par ordonnance des rois de Castille. Ainsi en advint-il des Almagro père et fils, et de Gonzalo Pizarro, frère de François Pizarro, lui-même assassiné.

Ainsi se referme un ample plaidoyer d'une dizaine de pages, où s'est déployé tout l'art oratoire de Montaigne. Exorde en bonne et due forme, périodes ascendante et descendante, arguments pro et contra, narration, confirmation et péroraison, rien n'y manque. C'est tout d'abord l'exorde ou proème, qui revient sur le passé récent, à savoir la découverte d'un autre monde, c'est-à-dire de l'Amérique, plus ample, à première vue, que l'ancien monde, et non moins opulent que lui (l. 448-519), puis la narration sommaire de la conquête (l. 520-535), la division par régions opprimées et dévastées les unes à la suite des autres, en une énumération d'exactions et de massacres (l. 535-546), la confirmation des horreurs commises (l. 587-645), la réfutation des excuses invoquées, à savoir l'évangélisation du Nouveau Monde (l. 647-661), enfin la péroraison assassine, qui voue les conquérants à l'imprécation. Le réquisitoire s'achève par une condamnation sans appel (l. 661-665). S'ajoute à cela une parenthèse ironique montrant le face-à-face des Espagnols vindicatifs et conquérants et des Indiens leur répliquant avec beaucoup de bon sens et de fermeté (l. 547-586).

Montaigne nuance toutefois son plaidoyer à charge par la juste attitude des rois d'Espagne – « des Rois de Castille », corrige-t-il sur l'exemplaire de Bordeaux –, qui punissent de mort les criminels, « justement offencez de l'horreur de leurs deportemens et quasi tous desestimez et mal-voulus » (l. 660-661). Ces mêmes rois de Castille – et non d'Espagne, là encore –, auxquels s'ajoutent ceux de Portugal, sont interpelés avec dédain dans un ajout manuscrit de « Contre la fainéantise », contemporain du chapitre « Des Coches ». Il leur est reproché de n'avoir pas même franchi l'océan pour jouir en présence de leurs conquêtes :

> Et cherchent autre adherant que moy, ceux qui veulent nombrer entre les belliqueux et magnanimes conquerants les Roys de Castille et de Portugal de ce qu'à douze cents lieuës de leur oisive demeure, par l'escorce de leurs facteurs, ils se sont rendus maistres des Indes d'une et d'autre part : desquelles c'est à sçavoir, s'ils auroyent seulement le courage d'aller jouyr en presence (II, 21, p. 677).

Rois frileusement attachés à « leur oisive demeure », et non pas conquérants intrépides et prompts, comparables à Alexandre le Grand, ces rois enfermés dans leurs petits royaumes d'Europe, Castille et Portugal, ne méritent nul respect et nul compliment. Seule est louable, en ce qui concerne le premier, la décision d'avoir fait exécuter par justice les conquérants criminels.

Retour à la péroraison des « Coches ». L'engloutissement par la mer des trésors extorqués et la mort des bourreaux referment le cycle des violences, non sans que le nom de Dieu soit solennellement invoqué. « Dieu a meritoirement permis que ces grans pillages se soient absorbez par la mer en les transportant, ou par les guerres intestines dequoy ilz se sont entremangez entre eux » (l. 661-664). Les conquistadors qui ont pratiqué sur Cuauhtémoc cette cuisine du vivant, déjà dénoncée dans « Des Cannibales », sont mangés à leur tour, avalés par l'océan ou dévorés par leurs compagnons. En une amplification hyperbolique, l'anthropophagie s'élargit au monde entier.

La seconde occurrence du nom de Dieu dans ce chapitre « Des coches » n'a donc plus rien à voir avec l'usage d'un proverbe, comme c'était le cas au début du chapitre : « Dieu donne le froid selon la robe » (l. 84). Elle revêt désormais toute la solennité d'un jugement exécutoire et définitif.

OR, COSMOGONIE ET CALENDRIER SOLAIRE

Cette conclusion solennelle est suivie d'une digression sur l'usage de l'or dans les deux mondes. Détente après la tension extrême. Alors que chez nous, dit Montaigne, l'or est volontiers thésaurisé, et sert de monnaie d'échange, il était en étalage dans les civilisations du Nouveau Monde, exposé au vu de tous et non renfermé dans des coffres, « n'estant en autre service que de montre et de parade, comme un meuble reservé de pere en fils par plusieurs puissants Roys » (l. 673-675). Ces derniers épuisaient leurs mines pour faire ce grand monceau de vases et de statues, qui ornaient leurs palais et leurs temples, au lieu, précise Montaigne, que notre or est « tout en emploite », c'est-à-dire « en emplette », en emploi ou en usage, « et en commerce » (l. 678).

Montaigne consacre la dernière partie de son exposé, toujours d'après Gomara, qu'il surnomme plus loin « mon autheur », à la cosmogonie des Mexicains, c'est-à-dire des Aztèques, distinguant les cinq âges de leur histoire, autrement dit « la vie de cinq soleils consécutifs », dont quatre sont déjà révolus, et le cinquième en cours. Il glisse ce trait légèrement ironique : « aussi jugeoient-ils, *ainsi que nous*, que l'univers fut proche de sa fin, et en prindrent pour signe la desolation que nous y apportames » (l. 684-686). La ressemblance entre leurs croyances et les nôtres n'est nullement un gage de vérité, mais le signe, peut-être, de notre erreur commune. La critique, par ricochet, frappe nos propres certitudes. À la différence de ses contemporains, que l'on pense à Agrippa d'Aubigné, auteur des *Tragiques*, épopée d'une histoire universelle censée s'achever en 1666[78], Montaigne ne pense pas que le monde soit nécessairement proche de sa fin, pas plus que le contraire, du reste. Il reste que notre arrivée parmi les Mexicains a précipité la destruction de leur civilisation.

« Pour Montaigne comme pour tant de renaissants, note Jean Starobinski, le cours de l'histoire est enveloppé dans le mouvement

78 Agrippa d'Aubigné, *Les Tragiques*, V, « Les Fers », 1415-1416.

du cosmos et reste suspendu au cours des astres – mais sans qu'il soit possible de le soumettre à un calcul ni à une prévision, comme s'en targuent les "mathématiciens" et les astrologues[79] ». Si bien qu'Américains et Européens sont renvoyés dos à dos, également étourdis ou effrontés pour spéculer sur l'inconnaissable, et avoir, les uns comme les autres, des certitudes à ce sujet.

« Quelles impressions ne souffre la lâcheté de l'humaine créance », s'exclame Montaigne un peu plus loin (l. 698-699). La propension invincible de l'esprit humain à se forger des chimères est universelle et ne nous épargne nullement. Ainsi les Mexicains imaginaient les hommes changés en « magots », c'est-à-dire en singes à queue rudimentaire, du genre macaque, à l'issue du quatrième âge (l. 698). Le terme de « magots » appelle quelques commentaires[80]. Comme l'a montré Tom Conley, Montaigne recopie Gomara *verbatim*, ou plutôt Martin Fumée, traducteur de Gomara, mais en l'abrégeant et en le coupant, et en y introduisant des mots qui amusent ou qui choquent, et à tout le moins titillent ou surprennent le lecteur. Le mot « magot » est d'autant plus intéressant qu'il est homonyme d'un autre terme, familier quant à lui, qui signifie « trésor ». Ce terme ambigu est lui-même paronyme de Gog et *Magog*, dont les légions infernales déferlent sur le monde au temps de l'apocalypse, si bien que ce magot ricanant, aux sonorités de trésor clinquant, revêt soudain des allures de diable[81].

Ces croyances aztèques, dont on peut s'inquiéter ou bien rire, ou en tout cas douter, sont universelles. Toujours est-il que ce quatrième changement, comme le remarque Montaigne, correspond à cette grande conjonction des astres, qui produisit, il y a huit cents ans, « selon que les Astrologiens estiment », plusieurs grandes altérations et « nouvelletés » au monde (l. 710-712). Cette grande conjonction, comme l'explique Jean Céard, est celle de Saturne et de Jupiter au début du Bélier, qui se reproduit tous les 795 ans, et eut lieu en 1583, quelques années seulement

79 Jean Starobinski, *Montaigne en mouvement*, *op. cit.*, p. 322. *Cf.* Bernard Croquette, *Étude du livre III des* Essais *de Montaigne*, Paris, Honoré Champion, 1985, p. 38 : « L'idée d'une décadence fatale de l'humanité est aussi étrangère à Montaigne que celle d'un irrésistible progrès universel ».

80 Tom Conley, *The Self-Made Map : Cartographic Writing in Early Modern France*, *op. cit.*, p. 270-278 : « Fumée's Gomara and "Des Coches" », et en particulier p. 272-274.

81 *Ibid.*, p. 273-276.

avant la rédaction du chapitre « Des coches[82] ». Les grands événements de l'histoire du monde, tels que création, déluge, dispersion des peuples à la surface de la terre, étaient en relation, selon les astrologues, avec ces grandes conjonctions.

Aztèques, Incas, Grecs et Romains se rencontrent enfin sur le chapitre de « la pompe et magnificence ». Les uns comme les autres furent sensibles à la véritable grandeur, à la différence des Européens de la prétendue Renaissance, confinés dans la petitesse de leurs cités minuscules, toujours en guerre les unes contre les autres. Montaigne admire les grands travaux qui se voient au Pérou, les empereurs inca ayant fait construire à travers les Andes, de Quito à Cuzco, sur l'espace de trois cents lieues, un chemin, « droict, uny, large de vingt-cinq pas, pavé, revestu de costé et d'autre de belles et hautes murailles, et le long d'icelles, par le dedans, deux ruisseaux pérennes, bordez de beaux arbres qu'ils nomment molly » (l. 718-721). L'anaphore marque le caractère exceptionnel de cette voie andine : « ny Graece, ny Romme, ny Aegypte » n'offre rien de tel[83]. Et d'estimer cet ouvrage « particulièrement considérable en ce lieu-là », car ils ignoraient la roue et tous moyens de levage, ne sachant autre finesse « que de hausser autant de terre contre leur bastiment, comme il s'esleve, pour l'oster après » (l. 731-732). L'absence de grues et d'instruments de levage est patente chez les Aztèques et les Incas, comme est avérée leur méconnaissance de la roue, et, partant, des coches.

POINTS FIXES ET ENSEMBLE LABILE

C'est un paradoxe, en définitive, que le titre « Des coches » pour ce chapitre, alors qu'il vient d'être question de peuples dépourvus de toute espèce de coches. Particulièrement complexe et tumultueux, ce chapitre est à la fois un témoignage personnel sur les maux de ventre, en voiture ou en bateau, un exposé des coutumes des anciens comparées à celles des modernes, une histoire abrégée de la conquête du Nouveau Monde, et pour finir un plaidoyer réquisitorial. Le tout est évoqué à la file, mais en s'élargissant progressivement vers le monde contemporain. Le corps du sujet écrivant, à savoir Michel de Montaigne, n'est présent qu'au tout

---

82 Montaigne, *Les Essais*, III, 6, LGF, 2001, p. 1431, note 4.

83 Daniel Ménager, « Montaigne et la magnificence », *Montaigne et le Nouveau Monde. Actes du colloque de Paris 18-20 mai 1992*, *BSAM*, juillet 1992-juin 1993, p. 63-71.

début du chapitre et s'efface bientôt devant le corps, infiniment divers et infiniment tragique, du monde.

Points extrêmes fixes enveloppant un centre mouvant, flottant, évanescent, comme l'a bien montré André Tournon dans son livre « *Route par ailleurs*[84] ». Points stables et ensemble labile, en déhiscence. Parmi ces points stables, il y a indiscutablement l'attitude ferme et droite de Socrate, lors de la retraite tumultueuse des Athéniens à Délion. Et aussi le constat final de la destruction du Nouveau Monde, proprement atterrant. Entre les deux se déploie le flottement du monde, ancien aussi bien que moderne, et sa perpétuelle mobilité. Il est un fait que, dans cette instabilité foncière, manifestée par les coches éponymes, coches de terre ou coches d'eau, avec ou sans roues, sur route ou sur fleuve, sur sente ou sur canal, des points fixes résistent obstinément à la fluctuation et tiennent bon. Mais l'évocation des profus spectacles du passé est elle-même ambiguë, Juste Lipse, dans son traité *De amphitheatro*, insistant, pour commencer et pour finir, sur la ruine actuelle du Colisée et autres cirques, puis sur les spectacles d'engloutissement catastrophique d'un navire ou d'une foule de combattants au milieu de l'arène. Tout en retenant la leçon, Montaigne préfère terminer l'évocation des jeux du cirque par des éléments positifs et plaisants, tels que les tentures protégeant le public du soleil ou des intempéries ou encore les filets « tissus d'or » le protégeant de la violence des bêtes fauves « élancées » (l. 368-370).

Toujours est-il que la leçon du chapitre « Des coches » dans son ensemble est des plus pessimistes. « Il n'y a pas de "route par ailleurs" », conclut André Tournon, et donc nulle échappatoire. « Le discours et son "ailleurs" sont inséparables, comme un corps éclairé et son ombre[85] ».

Il reste maintenant à expliquer comment l'on en revient *in extremis* aux coches, dans les toutes dernières lignes du chapitre et dans sa chute.

---

84 André Tournon, *Route par ailleurs. Le « nouveau langage » des* Essais, Paris, Honoré Champion, 2006, chapitre IV, « Ailleurs », p. 313-331.

85 *Ibid.*, p. 330.

DÉTOUR OBLIQUE 2 : « DE LA MODÉRATION »

Un dernier détour oblique par « De la modération » (I, 30), chapitre qui précède immédiatement « Des Cannibales » (I, 31), lequel préfigure, comme l'on a vu, « Des coches » (III, 6). Ou plutôt, on ne retiendra du chapitre « De la modération » que la toute dernière page, ajoutée en B, c'est-à-dire en 1588, concomitante par conséquent de la rédaction de « Des coches », auquel on l'associera tout naturellement.

IMMODÉRÉE MODÉRATION

Montaigne clôt en 1588 « De la modération » par un extrait de l'*Histoire générale des Indes* de Francisco Lopez de Gomara, et il retrouve Gomara pour la chute de « Des coches ». Une chute deux fois empruntée à Lopez de Gomara. Gomara resserré ou plutôt coupé net, Gomara faisant image et livrant à deux reprises le dernier mot du chapitre.

Entre la nouvelle fin de « De la modération » et le chapitre « Des coches », qui fait alors son apparition, Montaigne répartit le matériel ethnographique recueilli chez Gomara. « Des coches » prend la défense des peuples du Mexique et du Pérou écrasés par une Conquête espagnole des plus brutales. Afin de donner à son propos la force d'un plaidoyer, Montaigne en ôte tout ce qui touche à la religion sanguinaire des premiers, religion féroce, cruelle et véritablement cannibale. Pour respecter l'économie de son réquisitoire contre les excès de la Conquête, Montaigne a isolé ces éléments par trop gênants, issus des sources – Cortés, Gomara – qu'il a utilisées par ailleurs dans « Des Coches », et les a rejetés à la fin du chapitre « De la modération », en une longue addition de rédaction à peu près contemporaine (I, 30, p. 201).

Le titre du chapitre « De la modération » revêt désormais une portée foncièrement ironique, férocement ironique, devrait-on dire : « toutes leurs Idoles s'abreuvent de sang humain, non sans divers exemples d'horrible cruauté » (I, 30, p. 201). Mais ce trait même de cruauté, aux antipodes absolus de la modération, tourne à l'avantage de ces peuples, dont la constance et la résolution sont ainsi démontrées : « car ces pauvres gens sacrifiables, vieillars, femmes, enfans, vont, quelques jours avant, questant eux mesme les aumosnes pour l'offrande de leur sacrifice, et se presentent à la boucherie chantans et dançans avec les assistans » (*Ibid.*)

Dans l'ordre de succession des *Essais*, cet « allongeail » précède immédiatement le début des « Cannibales », dont la rédaction est antérieure de huit ans au moins. D'où le contraste qui règne entre les deux chapitres, la cruauté des Aztèques étant suivie sans transition par l'âge d'or des Cannibales – en vérité non les Indiens Carib, d'où procède étymologiquement le nom des Cannibales, mais les Tupi-Guarani du Brésil. D'où encore, de la part de Montaigne, le pessimisme accru du regard porté sur les peuples d'Amérique et sur leurs colonisateurs.

Un ajout manuscrit de l'exemplaire de Bordeaux glissé au milieu de l'ample « Apologie de Raimond Sebond », une centaine de pages après son début, fait revenir les cruels Aztèques et leur religion sanglante dans le cadre des absurdités soutenues par les divers peuples du monde :

> Encores aujourd'hui, les idolles de Themistitan se cimantent du sang des petits enfans, et n'aiment sacrifice que de ces pueriles et pures ames : justice affamée du sang de l'innocence : / *Tantum relligio potuit suadere malorum.* [Tant la religion a pu inspirer de maux !] (II, 12, p. 521[86]).

Ce ciment de sang enfantin qui scelle les statues aztèques constitue un féroce démenti à l'idée même de modération que préconise ce chapitre, auquel il faut à présent revenir.

SI TU ES [UN] HOMME

La chute du chapitre « De la modération », qui appartient à la seconde strate des *Essais*, montre une nouvelle fois comment, chez Montaigne, le travail de réécriture agit en creux plutôt qu'en relief, par ellipse et suppression plutôt que par redondance et soulignage[87]. Il est question de la bataille de Tlaxcala, en septembre 1519, au cours de laquelle, plusieurs jours durant, les Indiens barrent la route aux soldats de Cortés, qui tentent de gagner Tenochtitlan, capitale des Aztèques, le futur Mexico. Tour à tour ils les assaillent et leur offrent de riches présents, notamment de la nourriture. C'est afin de les maintenir sains et dispos, en état de combattre et donc d'être pris vivants, pour être offerts en sacrifice à leurs dieux.

86 L'orthographe de cette citation est vérifiée sur l'exemplaire de Bordeaux.
87 Voir *Le Brésil de Montaigne*, p. 186.

Résultat de ce comportement paradoxal : les piquiers et archers indiens, armés à la légère, sont massacrés par centaines et par milliers, alors que les Espagnols, bardés de fer et solidement cuirassés, rafraîchis en outre par leurs adversaires de vivres frais à intervalles réguliers, ne comptent que quelques blessés. Au terme d'un épuisant combat de près d'une semaine, une trêve intervient et les Tlaxcaltèques survivants se joignent de leur plein gré aux envahisseurs pour marcher avec eux contre les Aztèques du plateau central, leurs ennemis communs.

Dans le récit original, le beau rôle et le dernier mot reviennent à Cortés :

> Le jour d'après ces quatre Colonnels et Seigneurs Indiens envoyèrent à l'Espagnol trois choses différentes pour présent, avec ces paroles ici : Seigneur voici cinq esclaves, si vous êtes un Dieu félon qui vous paissez de chair et de sang, mangez-les et vous en donnerons d'autres : si vous êtes un Dieu bon et doux, tenez cet encens et plumages, mais si vous êtes homme, contentez-vous de ces oiseaux, pain et cerises. L'Espagnol répondit que lui et ses compagnons étaient hommes mortels ni plus ni moins qu'eux, et puisqu'il leur disait en tout la vérité, eux ne devaient user de mensonge, le traitant avec dissimulation, néanmoins désirait être leur ami : qu'eux ne fussent plus si opiniâtres ou téméraires que de retourner au combat[88].

Montaigne coupe la réplique de l'Espagnol et laisse l'autre conclure. Isolant la question des « colonels et seigneurs indiens », il confère à celle-ci un sens nouveau, emblématique de tout le chapitre : « Seigneur, voylà cinq esclaves : si tu és un Dieu fier, qui te paisses de chair et de sang, mange les, et nous t'en amerrons d'avantage : si tu és un Dieu debonnaire, voylà de l'encens et des plumes : si tu es homme, prens les oiseaux et les fruicts que voicy » (I, 30, p. 201).

Le choix laissé en suspens renvoie à l'éthique de la modération. C'est en effet à l'homme qu'il appartient de choisir son régime alimentaire et donc sa nature, à mi-chemin de la bête sanguinaire et vorace et du dieu que contentent des plumes et des parfums[89]. Ce « si tu es homme » prend, quatre siècles et demi après, une résonance singulière. Ne serait-ce qu'en préfiguration du livre de Primo Levi, dont le titre fait écho à Montaigne[90].

---

88 Francisco Lopez de Gomara, *Voyages et Conquestes du Capitaine Ferdinand Courtois, ès Indes Occidentales. Histoire traduite de langue Espagnole, par Guillaume Le Breton Nivernois*, trad. G. Le Breton, Paris, Abel L'Angelier, 1588, chap. 45, f. 109 r°.

89 Pour cette interprétation, je suis les suggestions d'André Tournon, *« Route par ailleurs » : le nouveau langage des* Essais, Paris, Champion, 2006.

90 Primo Levi, *Si c'est un homme*, 1947 et 1958 ; trad. fr., Paris, LGF – Le Livre de Poche, 1960.

« Les oiseaux et les fruits que voici » forment la conclusion du chapitre « De la modération », une conclusion ouverte et pacifique, une conclusion que l'on peut encore espérer clémente et radieuse. Au terme de ces tours et détours, qui conduisent de la Grèce et de la Rome anciennes aux lointaines colonies conquises par l'Espagne moderne, se confirme la vanité de tout jugement humain. Mais le scepticisme n'exclut ni le jugement critique ni le réquisitoire.

CHUTE ET NAUSÉE

Revenons aux « Coches ». Ou plutôt, comme le dit Montaigne, « *Retombons* à nos coches » (l. 733). Ce retour au sujet de départ est en vérité une chute, et l'on sait l'importance de la chute chez Montaigne, chute de cheval, chute de l'esprit trop ambitieux, chute de la vieillesse et de la mort prévisible[91]. Ici même, une chute sans rebond est suggérée au lecteur, chute physique qui est en même temps la chute du chapitre. Après l'édification par les Incas de superbes bâtiments, à l'aide de levées de terre, comme il vient d'en être question dans l'avant-dernière partie du chapitre, survient le retombement brutal et définitif.

Le côté « livre des records » de cet étalage prolifique de faits aboutit à un bilan des plus sombres. Au terme du dénombrement se révèle dans son effroyable étendue la ruine du Nouveau Monde, ou plutôt d'un nouveau monde, symbolisée dans les toutes dernières lignes du chapitre par la chute de l'Inca Atahualpa de sa chaise à porteurs, au soir funeste de Cajamarca, le 16 novembre 1532.

L'Histoire est mouvement, mais un mouvement inégal et saccadé, un « remuement interrompu », comme celui de la barque courant sur son erre et soudain reprise et relancée par le coup d'aviron, comme on l'a vu au tout début de ce commentaire. Ainsi en va-t-il de l'histoire récente, comme le montre la scène emblématique du « dernier Roi du Peru », qui conclut le chapitre.

« Retombons à nos coches ». Cette chute du propos est à l'image de la scène finale : « Porté sur des brancards d'or, et assis dans une chaise d'or », l'Inca Atahualpa s'avance sur sa *sella gestatoria* « au milieu de sa bataille » (l. 737). Ce trône portatif, en vérité, est à peine un coche,

91 Jean Starobinski, *Montaigne en mouvement*, *op. cit.*, p. 153.

n'ayant ni roues ni attelage[92]. Toujours est-il que l'Inca, sur sa chaise, avance d'un mouvement uni d'abord, puis de plus en plus saccadé, à mesure que ses porteurs sont tués sous lui, mais il ne tombe toujours pas. Tandis que les secousses s'amplifient, et que les brancards oscillent au-dessus des mourants, « d'autres, et à l'envy, prenoient la place des morts ». La catastrophe survient, inéluctable, et le remuement, de plus en plus désuni, s'interrompt. C'est un rapt achevé en précipice :

> [...] de façon qu'on ne le peut onques abbattre, quelque meurtre qu'on fit de ces gens là, jusques à ce qu'un homme de cheval l'alla saisir au corps, et l'*avalla* par terre (l. 739-742).

On a vu que Montaigne avait d'abord écrit : « & le porta par terre ». Puis, sur l'exemplaire imprimé de Bordeaux, il a biffé et remplacé le verbe. Plus aucune idée de transport ou de déport, mais un précipice, ou plutôt un « avalage », autrement dit une chute à val, un dévalement à terre.

Proposition que traduit assez fidèlement John Florio : « [...] until such time as a horseman furiously ranne to take him by some parte of his body, & so pulled him to the ground[93] ».

Le « ground », c'est bien le fond, le sol, vers quoi tout dévale. On ne peut exclure toutefois, dans le texte final de Montaigne, l'isotopie anthropophage. L'avalage est en ce sens une absorption parfaite. L'histoire de la conquête du Nouveau Monde s'est résolue bien souvent en anthropophagie effective[94]. Les Espagnols furent des conquérants infiniment voraces, des « avaleurs » féroces et définitifs.

QUE CONCLURE ?

On a parlé de descente par degrés, de dégradation, ou encore de dévalement, d'avalasse ou plutôt d'avalage, qui est en définitive la dernière touche – et retouche – du chapitre « Des coches ».

Cette descente nous ramène au début : à l'avalage, au vomissement ou à l'envie de vomir, qu'éprouve Montaigne en coche de terre ou bien en

92 Comme le remarque très justement André Tournon, « Coches », *Dictionnaire de Michel de Montaigne*, 2007, p. 206.

93 Montaigne, *The Essayes or Morall, Politike and Millitarie Discourses of Lord Michaell de Montaigne*, Londres, 1603, p. 549.

94 Voir Frank Lestringant, *Une sainte horreur ou le voyage en Eucharistie*, 2e édition revue et corrigée, Genève, Droz, 2012, p. 280-285 : « L'Espagnol cannibale ».

coche d'eau. Nous voici revenus en quelque sorte à la case départ, par un mouvement exactement inverse, mais selon le même axe. L'écœurement, le haut-le-cœur se retrouve, non plus singulier et subjectif, mais objectif et sinon universel, du moins régional, embrassant une large zone du monde.

Et les roues du coche dans tout cela ? Plus de roue pour finir, l'absence évidente de roue, chez les Incas comme chez les Aztèques, qui ignoraient les véhicules à roues, mais un soubresaut, comme d'un attelage brisé, et un effondrement définitif, qui écœure.

Reste l'« homme de cheval », ou plutôt « *un* homme de cheval », responsable du cataclysme, en l'occurrence le sinistre François Pizarre, qui n'est pas même nommé. Cet homme de cheval est l'antithèse de Montaigne, homme toujours à cheval, comme on l'a vu au début de cette étude, mais nullement déloyal et dialoguant d'égal à égal. L'homme de cheval dont il est question ici est à peine un cavalier. C'en est même le contraire exact. Il ne daigne pas s'adresser à l'Inca à hauteur de visage, à hauteur d'homme, mais, par un geste brusque, un abaissement brutal, va le « saisir au corps », c'est-à-dire à hauteur du tronc ou du ventre, et le précipite à terre. Le cheval, par une figure oxymorique, est ici associé à un geste déshonorant, rabaissant au sens propre, atterrant en définitive.

Ce geste brusque est difficilement compréhensible, dira-t-on. Du moins Théodore de Bry a-t-il tenté de le représenter dans une planche de son *Americae pars sexta*, où l'Inca Atahualpa est sur le point de tomber. Dans cette gravure publiée quelques années après la mort de Montaigne, Pizarre apparaît comme un simple piéton, qui attrape l'Inca par une jambe et le fait chuter, « au milieu de sa bataille[95] ». Pizarre sur sa monture aurait sans nul doute été capable de saisir Atahualpa « au corps », comme il est dit, et de le faire tomber par terre.

La conclusion des « Coches » ne peut être une clôture, non plus qu'une invitation à refermer le livre. C'est au contraire, comme le suggère André Tournon, une « incitation à suivre les cheminements de l'*essai*, vers le type d'assentiment auquel ils conduisent : non l'adhésion forcée à la conclusion d'une démonstration, mais le partage d'une expérience et d'une conviction intime, à maintenir en dépit des vertiges de l'Histoire[96] ».

95 Voir Frank Lestringant, *Le Huguenot et le sauvage*, Genève, Droz, 2004, p. 385.

96 André Tournon, « Coches », art. cité, p. 207.

Ces vertiges, en fait, n'empêchent nullement la lucidité. L'invite est expresse, à suivre l'inclinaison du texte et son impossible redressement, et d'un coup et d'un seul, de recommencer cette lecture tout à la fois surprise et indignée, révoltée définitivement.

APRÈS-DIRE

On ne saurait conclure d'une formule un chapitre décidément sans conclusion ! D'où cet après-dire, qui n'est nullement un épilogue, mais une invite à relire ce qui vient d'être dit, et à le reprendre sous un autre angle.

Il faut tout d'abord rappeler le lien possible, et quand bien même fragile, ou mobile à tout le moins, entre le titre et le propos. Ce chapitre, au départ, nous parle bien de voitures, de « coches » au sens courant et au sens large, de coches soudain décochés comme flèches, pareils à ceux des Hongres ou Hongrois, lancés au galop contre les Turcs. Mais les coches décochés sont sporadiques, s'évanouissent après être brièvement apparus, ou bien leur mention, à la toute dernière page, fait aussitôt place à leur absence : « En leur place, et de toute autre voiture… » (l. 733-734). Les coches sont inséparables de l'ironie sous-jacente à l'ensemble du texte.

Mais les coches ne sont pas le sujet principal du chapitre, à beaucoup près. Le plan du chapitre « Des coches » comprend à tout le moins trois parties, où le mouvement s'accélère après s'être exercé en diverses directions.

Tenons-nous en à trois parties, et rappelons en les principales caractéristiques. Une première partie, assez brève, est consacrée au mal de route ou de rivière. La seconde partie, déjà plus longue, nous conduit d'étonnement en étonnement, évoquant tour à tour le luxe des coches anciens et le caractère extraordinaire, voire démentiel, sinon admirable, des jeux du cirque dans la Rome antique. L'on ne saurait oublier la parenthèse ou la pause consacrée à la sage économie qui doit régir les rapports du suzerain au vassal, parenthèse ou pause écrite en plusieurs temps, sur plusieurs pages successives de l'exemplaire de Bordeaux, aux feuillets 395 r° à 396 v°, dont les marges sont remplies d'ajouts manuscrits, certains perpendiculaires aux lignes de la page imprimée (l. 107-298). Le résultat est un précaire moment d'équilibre dans ce chapitre qui, pour finir, verse à val et s'effondre.

À cela succède un moment de doute sur les connaissances humaines, toujours incertaines, incomplètes et immanquablement bornées, comme est bornée notre connaissance de l'histoire passée et de l'histoire du reste du monde (l. 381-447). Le ton de Montaigne n'est pas éloigné alors de celui de l'Ecclésiaste ou Qohélet, quatrième des livres poétiques de l'Ancien Testament. À moins qu'il ne s'agisse du retour au pyrrhonisme sceptique, déjà affiché dans l'ample péroraison de l'« Apologie de Raimond Sebond » (II, 12, p. 585-601).

La troisième partie du chapitre, la plus longue et représentant quarante pour cent de l'ensemble, a trait à la récente destruction du Nouveau Monde par les Espagnols (l. 448-742). Elle s'achève, après une accumulation de faits horribles et haïssables, par la chute brutale de l'Inca de sa chaise à porteurs. Des digressions, toutefois, dans ce réquisitoire, font place tour à tour à l'émerveillement face à la richesse stupéfiante du jardin aux arbres d'or de l'empereur aztèque, et de son cabinet où tous les animaux qui naissaient en son état et en ses mers étaient pareillement façonnés en or (l. 470-474), et à la légère moquerie touchant les cinq soleils successifs de l'histoire universelle, sans oublier une digression sur l'usage de l'or dans des cultures traditionnellement sans monnaie (l. 666-681).

Le mouvement du chapitre se dessine assez nettement, à partir d'un premier élan, jusqu'à une fin ample et prolongée, après l'hiatus d'une partie intermédiaire hachée, rédigée en plusieurs moments, faite de divers segments tour à tour insérés, et complétée d'ajouts qui cherchent à en stabiliser le sens ou du moins à en fixer l'économie. Cette stabilité économique, exemplaire sans doute et réalisable à l'échelon particulier, comme le montrent les exemples de Cyrus et de Philippe de Macédoine, et aussi celui de Michel de Montaigne, reste précaire et fragile, et cède immanquablement aux travers de l'histoire (l. 175-298).

On observe un contraste frappant entre les dérives périlleuses, voire mortelles, évoquées au début et à la fin du chapitre, et la stabilité économique recherchée entre deux, en une sorte de parenthèse stable, isolée, ferme, alors que tout dérive avant et après, et glisse inéluctablement vers l'effondrement final. Peut-on, en définitive, s'en tenir à ce moment d'équilibre précaire, pour conjurer l'inévitable glissement vers la fin et le néant ? Ou bien faut-il céder à ce glissement, qui paraît devoir tout emporter avec lui ?

Par ailleurs, il n'est pas superflu de le rappeler, et ce n'est pas le trait le moins singulier, le rôle du "je" s'atténue ou du moins change de fonction au cours du chapitre. Dès que l'on passe d'un monde à l'autre, de « nostre monde » au Nouveau Monde, le "je" cesse d'être sujet pour devenir témoin (l. 448). Montaigne ne nous parle plus de ses maux de ventre, de ses malaises ou de son indifférence à affronter l'ennemi, mais du désastre qui s'est abattu sur un continent tout entier. Le "je" ne s'absente pas pour autant, mais devient témoin à charge. Il argumente, plaide avec véhémence et condamne sans appel. Ce "je" omniprésent s'élargit parfois au "nous" d'une collectivité de témoins, qui regarde et qui juge (l. 645-665). Un tel "je" ne prend ses distances avec son propos véhément que pour des considérations tour à tour amusées et admiratives sur la chronologie des cinq âges du monde des Aztèques et l'architecture étonnante des Incas (l. 681-732).

Le point remarquable est que la stabilité et la fermeté caractérisent des époques et des régions fort éloignées des nôtres, l'Antiquité et le Nouveau Monde, dont rêve ou que découvre Montaigne, mais dont il ne reste à peu près rien, sauf des témoignages livresques ! Telle est l'utopie fragile, irréelle assurément, qui renvoie à bonne distance de nous et de notre présent la beauté, l'ampleur et la magnificence. La faiblesse de notre présent, de notre état et de notre monde n'empêche pas que l'on en rêve, et qu'il en demeure des souvenirs tenaces étonnamment !

Au total, une vision pessimiste de l'histoire et du monde, où brillent ici et là, mais de toute manière loin en amont, de rares pépites précieuses, parmi l'avalanche des ruines qui se déverse jusqu'à nous, et les dérisoires petitesses de notre présent.

BIBLIOGRAPHIE INDICATIVE

LE TEXTE DES *ESSAIS*

MONTAIGNE, *Les Essais*, édition conforme au texte de l'exemplaire de Bordeaux, préparée par Pierre Villey, revue par V.L. Saulnier, Paris, PUF, 1965 ; augmentée d'une préface et d'un supplément de Marcel Conche, PUF, collection « Quadrige », 2004.

AUTRES ÉDITIONS

MONTAIGNE, *Les Essais*, édition André Tournon, Paris, Imprimerie Nationale, 1998, 3 vol.

MONTAIGNE, *Œuvres complètes*, édition Albert Thibaudet et Maurice Rat, Paris, Gallimard, « Bibliothèque de la Pléiade », 1962 (texte de base différent pour *Les Essais* : édition posthume de 1595).

MONTAIGNE, *Les Essais*, édition Denis Bjaï, Bénédicte Boudou, Jean Céard et Isabelle Pantin, Paris, Librairie Générale française, « La Pochothèque », 2001 (texte de base : édition posthume de 1595, à l'orthographe modernisée ; c'est Jean Céard qui a établi et annoté le texte de ce chapitre).

MONTAIGNE, *Les Essais* (éd. de 1595), édition établie par Jean Balsamo, Michel Magnien et Catherine Magnien-Simonin, Paris, Gallimard, « Bibliothèque de la Pléiade », 2007.

MONTAIGNE, *Essais*, éd. d'Emmanuel Naya, Delphine Reguig-Naya et Alexandre Tarrête, Paris, Gallimard, « Folio », 2008, 3 vol. (Alexandre Tarrête a établi et annoté le texte de ce chapitre).

Le Brésil de Montaigne. Le Nouveau Monde des « Essais » (1580-1592). Choix de textes, introduction et notes de F. LESTRINGANT, Paris, Chandeigne,

« Collection Magellane », 2005. [Comprend les chapitres I, 22 ; I, 29 ; I, 30 ; I, 31 ; I, 35 ; III, 6 et III, 7 des *Essais*].

Reproduction en quadrichromie de l'Exemplaire de Bordeaux avec notes manuscrites marginales des Essais de Montaigne. Édition établie et présentée par Philippe Desan, Fasano-Chicago, Schena-Montaigne Studies, 2002, un vol. in fol.

Corpus des Œuvres de Montaigne sur CD-ROM, éd. Claude Blum, Paris, Champion, 1998.

Essais de Michel seigneur de Montaigne (*Exemplaire de Bordeaux*). En ligne sur gallica.bnf.fr

The Montaigne Project : texte de l'édition Villey/Saulnier numérisé sur le site de l'Université de Chicago.

INSTRUMENTS DE TRAVAIL

LEAKE, Roy E., *Concordance des Essais de Montaigne*, Genève, Droz, 1981, 2 vol. (suit la pagination de l'édition Villey).

DESAN, Philippe, dir., *Dictionnaire de Michel de Montaigne*, Paris, Champion, 2004 ; 2e éd. revue, corrigée et augmentée, Paris, Champion, 2007.

BONNET, Pierre, *Bibliographie méthodique et analytique des ouvrages relatifs à Montaigne*, Paris, Champion, 1983.

CLIVE, P.-H., *Bibliographie annotée des ouvrages relatifs à Montaigne*, Paris, Champion, 1990.

TOURNON, André, BIDEAUX, Michel, MOREAU, Hélène, *Histoire de la littérature française du XVIe siècle*, Paris, Nathan Université, 1991.

LESTRINGANT, Frank, RIEU, Josiane, TARRÊTE, Alexandre, *Littérature française du XVIe siècle*, Paris, PUF, 2000.

STROWSKI, Fortunat, *Montaigne, sa vie publique et privée*, Paris, Éditions de la N.R.C., 1938.

TRINQUET, Roger, *La jeunesse de Montaigne. Ses origines familiales, son enfance et ses études*, Paris, Nizet, 1972.

ÉTUDES

ARNOULD, Jean-Claude, dir., *Montaigne. La justice*, *BSAM*, janvier 2001.
AUERBACH, Erich, *Mimesis. La Représentation de la réalité dans la littérature occidentale*, Paris, Gallimard, 1968. [Sur *Essais*, III, 2].
BAKEWELL, Sarah, *Comment vivre ? Une vie de Montaigne en une question et vingt tentatives de réponse*, Paris, Albin Michel, 2013.
BEAUJOUR, Michel, *Miroirs d'encre*, Paris, Éditions du Seuil, 1980.
BELLENGER, Yvonne, *Montaigne. Une fête pour l'esprit*, Paris, Balland, 1987.
BLUM, Claude, *La Représentation de la mort dans la littérature française*, Paris, Champion, 1989.
BRAHAMI, Frédéric, *Le Scepticisme de Montaigne*, Paris, P.U.F., « Philosophies », 1997.
BRAHAMI, Frédéric, et NAYA, Emmanuel, dir., *Montaigne et l'action*, *Bulletin de la Société des Amis de Montaigne*, janvier 2000.
BRODY, Jules, *Lectures de Montaigne*, Lexington (Kentucky), French Forum, 1982.
BRODY, Jules, *Nouvelles lectures de Montaigne*, Paris, Champion, 1994. [Sur *Essais* III, 2 ; III, 8 et III, 13].
CAVE, Terence, *Cornucopia. Figures de l'abondance au XVI*e *siècle : Érasme, Rabelais, Ronsard, Montaigne* (1979), trad. fr. : Paris, Macula, 1997.
CAVE, Terence, *Pré-Histoires. Textes troublés au seuil de la modernité*, Genève, Droz, 1999.
CAVE, Terence, *How to read Montaigne*, Londres, Granta Books, 2007.
CÉARD, Jean, *La Nature et les prodiges. L'Insolite au XVI*e *siècle, en France*, Genève, Droz, 1977 ; coll. « Titre courant », 1996. [Sixième Partie : « Nouveauté de Montaigne », p. 387-434].
CHARLES, Michel, *L'Arbre et la source*, Paris, Éditions du Seuil, 1985.
CHARPENTIER, Françoise, dir., *Montaigne. Les derniers Essais*, Cahier *Textuel 34/44*, n° 2, Paris, Université Paris VII, 1986.
COMPAGNON, Antoine, *La Seconde Main ou le travail de la citation*, Paris, Éditions du Seuil, 1979.
COMPAGNON, Antoine, *Nous, Michel de Montaigne*, Paris, Éditions du Seuil, 1980.
COMPAGNON, Antoine, *Chat en poche. Montaigne et l'allégorie*, Paris, Éditions du Seuil, 1993.
CONCHE, Marcel, *Montaigne et la philosophie*, Éditions de Mégare, 1987.
CONLEY, Tom, *The Self-Made Map : Cartographic Writing in Early Modern France*, Minneapolis, University of Minnesota Press, 1996, ch. 7, « Montaigne : Political Geography of the Self », p. 248-278.

COURCELLES, Dominique de, *Montaigne au risque du Nouveau Monde*, Paris, Brepols, 1996.

CROQUETTE, Bernard, *Pascal et Montaigne*, Genève, Droz, 1974.

CROQUETTE, Bernard, *Étude du livre III des Essais de Montaigne*, Paris, Champion, « Unichamp », 1985 ; rééd. 2002. [Analyse des chap. 2, 6, 9, 12 et 13].

DANDREY, Patrick, *L'Éloge paradoxal de Gorgias à Molière*, Paris, P.U.F., 1997.

DAUVOIS, Nathalie, *Prose et poésie dans les* Essais *de Montaigne*, Paris, Champion, 1997.

DEFAUX, Gérard, *Marot, Rabelais, Montaigne : l'écriture comme présence*, Paris, Champion, 1987.

DEFAUX, Gérard, *Montaigne et le travail de l'amitié. Du lit de mort d'Étienne de La Boétie aux Essais de 1595*, Orléans, Paradigme, 2001.

DEMONET (LAUNAY), Marie-Luce, « Montaigne », *Dictionnaire des littératures de langue française* de Jean-Pierre de Beaumarchais, Alain Couty et Alain Rey (Paris, Bordas, 1984 et 1987 ; rééd. Larousse, 2001).

DEMONET, Marie-Luce, *Michel de Montaigne.* Les Essais, Paris, P.U.F., « Études Littéraires », 1985.

DEMONET, Marie-Luce, dir., *Montaigne et la question de l'homme*, Paris, P.U.F., 1999.

DEMONET, Marie-Luce, *"À plaisir". Sémiotique et scepticisme chez Montaigne*, Orléans, Paradigme, 2002.

DESAN, Philippe, *Les commerces de Montaigne. Le discours économique des* Essais, Paris, Nizet, 1992.

DESAN, Philippe, *Montaigne. Une biographie politique*, Paris, Odile Jacob, 2014. [à la croisée des territoires de l'historien, du littéraire et du sociologue].

DESAN, Philippe, « De la censure à l'éducation de la jeunesse : les transformations morales de Montaigne à travers les siècles », *L'Immoralité littéraire et ses juges*, sous la direction de Jean-Baptiste Amadieu, Jean-Charles Darmon et Philippe Desan, Paris, Hermann Éditeurs, « Des morales et des œuvres », 2019, p. 213-234.

DUBOIS, Claude-Gilbert, *Essais sur Montaigne. La régulation de l'imaginaire*, Orléans, Paradigme, 1992.

DUVAL, Edwin M., « Lessons ot the New World : Design and Meaning in Montaigne's "Des Cannibales" (I : 31) and "Des coches" (III : 6) », *Yale French Studies*, 1983, n° 64, p. 95-112.

FERRARI, Emiliano, GONTIER, Thierry et PANICHI, Nicola, sous la direction de, *Montaigne. Penser en temps de guerres de Religion*, Paris, Classiques Garnier, 2021.

FORD, Philip, & JONDORF, Gillian, dir., *Montaigne in Cambridge*, Cambrige, U.K., Cambridge French Colloquia, 1989.

FRAME, Donald M., *Montaigne. A Biography*, San Francisco, North Point Press, 1984 ; trad. fr. Paris, Champion, 1992.

FRIEDRICH, Hugo, *Montaigne* (1949), Paris, Gallimard, « Bibliothèque des idées », 1968 ; coll. « Tel », 1984. [La bible montaigniste !].

FUMAROLI, Marc, *La Diplomatie de l'esprit. De Montaigne à La Fontaine*, Paris, Hermann, 1998.

GARAVINI, Fausta, *Monstres et chimères. Montaigne, le texte et le fantasme* (1991), tr. fr., Paris, Champion, 1993.

GARAVINI, Fausta, *Itinéraires à Montaigne. Jeux de texte* (1983), Paris, Champion, 1995.

GONTIER, Thierry et MAYER, Suzel, éd., *Le Socratisme de Montaigne.* Études réunies par T. G. et S. M., Paris, Éditions Classiques Garnier, 2010.

GRAVES MONROE, Amy, « Rappeler le cochon : pour une lecture porcine de 'Des Coches' », dans Philippe Desan dir., *Lectures du troisième livre des* Essais *de Montaigne*, Paris, Champion, 2016, p. 199-218.

GRAY, Floyd, *Le style de Montaigne*, Paris, Nizet, 1958.

GRAY, Floyd, *Montaigne bilingue : le latin des* Essais, Paris, Champion, 1991.

GUTWIRTH, Marcel, « *Des coches*, ou la structuration d'une absence », *L'Esprit créateur*, 15, 1975, p. 8-15.

HOFFMANN, George, *Montaigne's Career*, Oxford, Clarendon Press, 1998 ; trad. fr., *La carrière de Montaigne*, Paris, Champion, 2009.

JAMA, Sophie, *L'Histoire juive de Montaigne*, Paris, Flammarion, 2001.

JEANNERET, Michel, *Perpetuum mobile. Métamorphoses des corps et des œuvres de Vinci à Montaigne*, Paris, Macula, « Argô », 1997 ; 2e édition revue et complétée d'une postface, Genève, Droz, « Titre courant », 2016 [« Le chaos intérieur : Montaigne », p. 127-135 ; « En l'instant que je m'amuse à luy », p. 300-306 ; « Un suffisant lecteur », p. 354-358].

JEANNERET, Michel, *J'aime ta joie parce qu'elle est folle. Écrivains en fête (XVIe et XVIIe siècles)*, Genève, Droz, « Titre courant », 2018. [Chap. IV : « Plénitude du vide (Montaigne) », p. 57-67 ; chap. V : « "Jouir la vie" (Montaigne) », p. 69-79].

JOUANNA, Arlette, *Montaigne*, Paris, Gallimard, 2017.

JOUKOVSKY, Françoise, *Montaigne et le problème du temps*, Paris, Nizet, 1972.

KONSTANTINOVIC, Isabelle, *Montaigne et Plutarque*, Genève, Droz, 1989. [« Des coches », p. 475-476].

LAFOND, Jean, dir., *Les Formes brèves de la prose et le discours discontinu (XVIe-XVIIe)*, Paris, Vrin, 1984.

LANGER, Ullrich, *Vertu du discours, discours de la vertu. Littérature et philosophie morale au XVIe siècle en France*, Genève, Droz, 1999.

LAZARD, Madeleine, *Michel de Montaigne*, Paris, Fayard, 1992.

LEGROS, Alain, *Essais sur poutres. Peintures et inscriptions chez Montaigne*, Préface de Michael A. Screech, Paris, Klincksieck, 2000.

LEGROS, Alain, *Montaigne en quatre-vingts jours*, Paris, Albin Michel, 2022.

LEGROS, Alain, « La main grecque de Montaigne », *Bibliothèque d'humanisme et Renaissance*, t. LXI, 1999, n° 2, p. 461-478.

LESTRINGANT, Frank, *Le Huguenot et le sauvage. L'Amérique et la controverse coloniale en France au temps des guerres de Religion*, 3e éd., Genève, Droz, « Titre courant », 2004. [Chap. VIII, « La Réformation dans les canoés ou l'invention du Bon Sauvage », p. 378-388 : « Montaigne juge de la Conquista : le chapitre "Des Coches" » (1588)].

LESTRINGANT, Frank, *Le Cannibale, grandeur et décadence*, Paris, Perrin, 1994 ; 2de éd., Genève, Droz, « Titre courant », 2016 [Chap. VIII : « Un Cannibale qui crache », p. 161-186].

LESTRINGANT, Frank, *Une sainte horreur ou le voyage en Eucharistie (XVIe-XVIIIe siècles)*, 2e éd. revue et corrigée, Genève, Droz, « Titre courant », 2012. [Chap. VII : Crépuscule des cannibales, p. 245-285 ; chap. VIII : « Montaigne ou le miracle de l'hostie », p. 289-322].

LESTRINGANT, Frank, *"Je suis moi-même la matière de mon livre". Lecture du livre III des* Essais, Paris, Presses universitaires de Rouen et du Havre-CNED, 2016.

LÉVI-STRAUSS, Claude, *Histoire de lynx* [1991], *in Œuvres*, éd. Vincent Debaene, Frédéric Keck, Marie Mauzé et Martin Rueff, Paris, Gallimard, « Bibliothèque de la Pléiade », 2008. [« Chap. XVIII : En relisant Montaigne », p. 1444-1458].

MACLEAN, Ian, *Montaigne philosophe*, Paris, P.U.F., « Philosophies », 1996.

MATHIEU-CASTELLANI, Gisèle, *Montaigne. L'écriture de l'essai*, Paris, P.U.F., « Écrivains », 1988.

MATHIEU-CASTELLANI, Gisèle, *Montaigne ou la vérité du mensonge*, Genève, Droz, « Les Seuils de la modernité », 2000.

MCKINLEY, Mary, *Words in a corner. Study in Montaigne's Latin Quotations*, Lexington, French Forum Publishers, 1981.

MÉNAGER, Daniel, *Montaigne et la « culture de l'âme »*, Paris, Classiques Garnier, 2020.

MÉNIEL, Bruno, « *Les Essais* et le temps de l'éphéméride », *Poétique*, 171, septembre 2012, p. 337-347.

METSCHIES, Michael, *La citation et l'art de citer dans les* Essais *de Montaigne* (1966), trad. fr., Paris, Champion, 1997.

MILLET, Olivier, *La première réception des* Essais *de Montaigne (1580-1640)*, Paris, Champion, 1995.

NAKAM, Géralde, *Montaigne et son temps. Les événements et* Les Essais. *L'histoire, la vie, le livre*, Paris, A.-G. Nizet, 1982.

NAKAM, Géralde, *Les* Essais *de Montaigne, miroir et procès de leur temps. Témoignage historique et création littéraire*, Paris, A.-G. Nizet, 1984.

NAKAM, Géralde, *Montaigne, la manière et la matière*, Paris, Klincksieck, 1992 ; nouvelle édition revue, corrigée et augmentée, Paris, Champion, 2006.

O' BRIEN, John, QUAINTON, Malcolm, et SUPPLE, James J., dir., *Montaigne et la Rhétorique. Actes du colloque de Saint Andrews (1992)*, Paris, Champion, 1995.

PANTIN, Isabelle, « Sens et mesure du temps universel dans le livre III des *Essais* », *in* Ferrer, Véronique, Giacomotto-Charra, Violaine, et Vintenon, Alice, *Autres regards sur les* Essais, *livre III de Montaigne*, Paris, Atlande, 2017, p. 77-90.

POPKIN, Richard H., *Histoire du scepticisme d'Érasme à Spinoza*, Paris, P.U.F., 1995.

POT, Olivier, *L'Inquiétante étrangeté. Montaigne : la pierre, le cannibale, la mélancolie*, Paris, Champion, 1993.

POUILLOUX, Jean-Yves, *Lire les 'Essais' de Montaigne*, Paris, François Maspero, 1969 ; rééd. augmentée chez Champion.

POUILLOUX, Jean-Yves, *Montaigne, l'éveil de la pensée*, Paris, Champion, 1995.

REGOSIN, Richard, *Montaigne's Unruly Brood. Textual Engendering and the Challenge of Paternal Authority*, Berkeley-Los Angeles, University of California Press, 1996. [Sur les figures parentales dans les *Essais*].

Rhétorique de Montaigne. Actes du colloque de la Société des Amis de Montaigne (1984), études réunies par Frank Lestringant, Paris, Champion, 1985.

RIGOLOT, François, *Le Texte de la Renaissance*, Genève, Droz, 1982.

RIGOLOT, François, *Les Métamorphoses de Montaigne*, Paris, P.U.F., « Écrivains », 1988.

ROUILLER, Dorine, *Des airs, des lieux et des hommes. Les théories des climats à la Renaissance*, Genève, Droz, 2021. [Chap. XIV. « "Prendre nouvelle complexion" (Michel de Montaigne) », p. 351-380, notamment sur *Essais*, I, 23 ; I, 26 ; I, 36 ; II, 11 ; II, 12 ; III, 9 ; III, 13, et le *Journal de voyage*, *passim*].

SCREECH, Michael, *Montaigne et la Mélancolie. La sagesse des* Essais (1983), trad. fr., Paris, P.U.F., 1992.

SÈVE, Bernard, *Montaigne. Des règles pour l'esprit*, Paris, P.U.F., 2007.

STAROBINSKI, Jean, *Montaigne en mouvement*, Paris, Gallimard, 1982 ; coll. « Folio-Essais », 1993.

SUPPLE, James J., *Arms versus Letters. The Military and Literary Ideals in the Essais of Montaigne*, Oxford, Clarendon Press, 1984.

TARRÊTE, Alexandre, *Les Essais de Montaigne*, Paris, Gallimard, « Foliothèque », 2007.

TARRÊTE, Alexandre, « D'un souvenir à l'autre. Le parcours du chapitre "Des Cannibales" », *in La Renaissance au grand large*, Genève, Droz, 2019, p. 169-182.

THIBAUDET, Albert, *Montaigne*, éd. Floyd Gray, Paris, Gallimard, 1963.

TOURNON, André, *Montaigne. La Glose et l'Essai*, Lyon, Presses universitaires de Lyon, 1983. 2de éd. augmentée, Paris, Champion, 2001.

TOURNON, André, *Montaigne en toutes lettres*, Paris, Bordas, 1989.

TOURNON, André, *Route par ailleurs. Le « nouveau langage » des* Essais, Paris, Honoré Champion, 2006. [Chapitre IV, « Ailleurs », p. 313-331, sur *Essais*, III, 6].

TOURNON, André, « Coches », *in Dictionnaire de Michel de Montaigne*, 2007, p. 205-207.

TOURNON, André, et LE FLANCHEC, Vân Dung, *Essais de Montaigne Livre III*, Paris, Atlande, 2002.

TRIPET, Arnaud, *Montaigne et l'art du prologue au* XVIe *siècle*, Paris, Champion, 1992.

VILLEY, Pierre, *Les Sources et l'Évolution des* Essais, Paris, Hachette, 1908.

WEBER, Henri, *À travers le* XVIe *siècle*, tome II, Paris, Nizet, 1986.

INDEX LOCORUM

INDEX DES MOTS CLÉS

INDEX NOMINUM

TABLE DES MATIÈRES